MPR出版物链码使用说明

亲爱的读者，本书是MPR出版物，但凡带有链码图标"——"的地方，均可通过"泛媒关联"的"扫一扫"功能扫描链码，获得对应的多媒体内容。

您可以通过扫描下方的二维码，下载"泛媒关联"App。

U0330388

本书由2020年河北省创新能力提升计划项目
——科学普及专项资助（项目编号:20556201K）

AI 禁毒科普：
毒品的危害和预防

辛昊　王子立　编著

中山大学出版社
SUN YAT-SEN UNIVERSITY PRESS
·广州·

图书在版编目（CIP）数据

AI 禁毒科普：毒品的危害和预防 / 辛昊，王子立编著. —广州：
中山大学出版社，2023.9
ISBN 978-7-306-07822-3

Ⅰ . ① A… Ⅱ . ①辛… ②王… Ⅲ . ①禁毒—中国—青少
年读物 Ⅳ . ① D669.8-49

中国国家版本馆 CIP 数据核字（2023）第 102201 号

出 版 人：王天琪
策划编辑：嵇春霞　王　睿
责任编辑：王　睿
封面设计：曾　斌
责任校对：袁双艳
责任技编：靳晓虹
出版发行：中山大学出版社
电　　话：编辑部　020-84110776，84110779，84111997，84113349
　　　　　发行部　020-84111998，84111981，84111160
地　　址：广州市新港西路 135 号
邮　　编：510275　　　　　传　真：020-84036565
网　　址：http://www.zsup.com.cn　E-mail：zdcbs@mail.sysu.edu.cn
印 刷 者：广州市友盛彩印有限公司
规　　格：880mm×1230mm　1/32　4.75 印张　95 千字
版次印次：2023 年 9 月第 1 版　　2025 年 4 月第 3 次印刷
定　　价：38.00 元

习近平总书记指出，"禁毒工作事关国家安危、民族兴衰、人民福祉"①，"禁绝毒品，功在当代、利在千秋"②。当前，随着我国全民禁毒工程的深入开展和禁毒预防教育的普及，禁毒人民战争不断取得新的胜利。学生群体对传统毒品（如海洛因）、合成毒品（如冰毒）等，都有了比较清醒的认识，绝大多数人都能做到主动远离、坚决拒绝。但是，近年来，面对越来越多名称极具欺骗性的新型毒品，如"草本兴奋剂""香草烟""神仙水"等，青少年群体极有可能因为新型毒品的迷幻伪装，以及"无害"的传言，逐渐丧失警惕，在好奇心驱使下开始尝试这些毒品。殊不知，这些披着"漂亮""时尚"迷幻外衣的新型毒品，可能是一种新精神活性物质③。相比传统毒品，这些新精神活性物质

①新华社：《习近平就禁毒工作作出重要指示》，见中国政府网（https://www.gov.cn/xinwen/2018-06/25/content_5301084.htm?cid=303），2018年6月25日。
②中国新闻网：《习言道："禁绝毒品，功在当代、利在千秋"》，见中青在线（http://news.cyol.com/gb/articles/2022-06/26/content_BPopntlYQ.html），2022年6月26日。
③新精神活性物质是具有与管制毒品相似的药理作用，但又不受法律管制的毒品类似物。

更具迷惑性、更易成瘾、更易让人对其产生强烈的精神依赖，危害更加严重。目前，新精神活性物质泛滥，青少年也成为最大受害者。

本书通过采用实物图片、漫画插图、三维模型、动画、语音、游戏和案例等多种表现手段，展现毒品的物理形态、化学结构和危害机理，开展识毒、防毒、拒毒互动教育，让禁毒科普教育更加有效、有趣；既让禁毒宣传教育推广工作落实到行动上，也能够使青少年在日常生活中方便、快捷、准确地了解禁毒知识，利用互动体验更加真切地感受到毒品的危害，从而提高青少年识毒、拒毒、防毒意识和能力。

本书始终坚持以党和国家禁毒宣传部署要求为统领，遵循禁毒宣传教育本质规律，紧密结合青少年防毒、拒毒的认知需求开展编写工作。全书内容包括慧眼识毒、毒品危害、防毒妙计、禁毒资源、知识互动和禁毒故事与反思六章。全书以图文并茂的形式，融入现代信息技术和元素，深入浅出地进行科普宣传教育，旨在帮助读者认识毒品，增强禁毒意识，从而提高拒毒、防毒能力，在源头上筑起一面与"幻彩毒窟"相隔离的防毒墙，以及打造远离毒品的"金钟罩"。

本书的编写，得到了广州市禁毒委员会办公室、广东省未成年人强制隔离戒毒所的大力支持。在编写过程中，本书参考了国内外诸多专家学者的研究成果，在此表示衷心的感谢。

编者

2023 年 1 月

目 录

第一章

Chapter 1

慧眼识毒

　　近年来，国内毒品滥用出现了新形势和新特点。因此，国家禁毒委员会办公室权威发布毒品基础知识，详细阐明了常见毒品的名称、物理性质、滥用方式、毒性及中毒症状等，对规范毒品预防教育的内容，增强学生群体识毒、防毒、拒毒的意识和能力十分重要。

第一节 什么是毒品

　　根据《中华人民共和国刑法》第 357 条、《中华人民共和国禁毒法》第 2 条的规定：毒品是指鸦片、海洛因、甲基苯丙胺（冰毒）、吗啡、大麻、可卡因以及国家规定管制的其他能够使人形成瘾癖的麻醉药品和精神药品。

3 分钟认识毒品

听一听

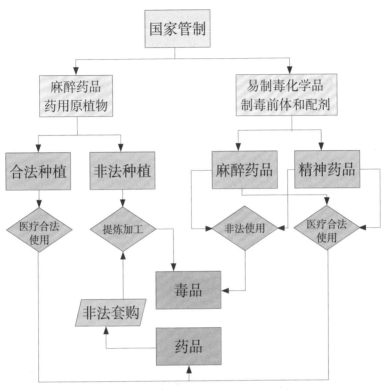

毒品和药品的一体两面

　　"毒品"一词，是国人在近一百多年的禁毒实践中创造并使用的专属词汇，它对应于《联合国禁止非法贩运麻醉药品和精神药物公约》中的"受国际管制的麻醉药品（narcotic drugs）和精神药品（psychotropic substances）"。吸食毒品的行为，在国际上也被称为滥用药品或药物滥用（drugs of abuse）。

第二节 毒品与药品

很多毒品来源于药品，属于麻醉类药品或精神类药品，具有双重属性，依法合理使用就是药品，非法滥用即毒品，如吗啡。有些毒品本身不具有药用价值，合成时并非出于医疗目的，仅有单一的毒品属性，如冰毒、摇头丸等。还有一些曾经是药品的毒品，由于毒副作用或滥用严重，已经不宜在临床使用，只在毒品黑市非法流通，如海洛因。

罂粟花（果）

一、什么是药品

根据《中华人民共和国药品管理法》规定：药品是指用于预防、治疗、诊断人的疾病，有目的地调节人的生理机能并规定有适应证或者功能主治、用法和用量的物质，包括中药、化学药和生物制品等。

安眠药
若未遵医嘱滥用（如不依照剂量或频率服用），这也属于药物滥用行为，可能导致成瘾！

止痛药
医师处方开的止痛药，若滥用可能成瘾且危害身体！尤其注意如吗啡等强效镇痛药物！

失眠

疼痛

禁毒科普 常见的药物滥用行为及疑惑

二、药品与毒品的关系与区别

（一）药品与毒品的关系

药品与毒品的关系就如一体两面。在严格管理和控制

下用于临床的药品，能起到镇痛、催眠或兴奋作用。而若麻醉药品或精神药品失于管理或滥用，落入违法犯罪分子或瘾君子之手，就会失去原来作为药品的功能而损害人的身心健康，成为危害社会稳定和人类健康的毒品。

以氯胺酮（ketamine，俗称"K粉"）为例，如果患者抑郁症状比较严重，而且在其他抗抑郁药物对患者无效的情况下，氯胺酮是个不错的选择。氯胺酮见效快，有效率高达60%以上；但药效不够持久，大部分患者第一次服药后几天就需再次服药，所以很多患者拿它来应急，长期服用的效果尚待研究。

氯胺酮的"本职工作"是麻醉，早在"越战"时期就成为美军在战场的手术用药。作为麻醉剂，氯胺酮是非常安全的，因为它对患者的呼吸和心跳影响较小，基本上不用担心副作用。另外，使用氯胺酮麻醉的方式不是全麻，患者的部分大脑皮层始终保持活跃，这一点也和大部分麻醉药不一样。

但是，服用氯胺酮的患者也不是完全清醒的，而是处于一种近乎迷幻的状态，所以医学界称氯胺酮导致的麻醉状态为"分离式麻醉"（dissociative anesthesia），大意是说患者好像身处外太空，和现实世界脱节了。正是因为氯胺酮具有这种效果，才让一些不法分子钻了空子，将氯胺酮制成毒品，民间称其为"K粉"。然而，也正是因为这一特性，氯胺酮才能成为抗抑郁药物。事实上，很多致幻剂类毒品都曾经被用于治疗心理疾病，比如大麻就曾被用于治疗精神分裂症，这是因为大部分精神疾病都和某种生物活性分子的缺失有关，而毒品的作用就是模拟这些分子的生物活性，从而起到调节神经系统功能的作用。

非法获得 ➡ 害人毒品！　　医师处方 ➡ 救命良药（管制药品）

禁毒科普　毒品？管制药品？一体两面！

（二）药品与毒品的区别

1.目的不同

合理用于临床、为患者解除病痛的就是药品；反之，滥用的就是毒品。麻醉性镇痛剂与部分精神药品就属此种

情况，如吗啡针剂、罂粟壳、大麻、芬太尼、美沙酮、复方可待因止咳水等。

2. 价值不同

药品是出于医疗的需要，具有医疗价值；而毒品本身不具有药用价值，并非出于医疗目的而生产或使用。例如，海洛因、冰毒及摇头丸等，它们在临床上并不具有任何药用价值，仅有单一的毒品属性。

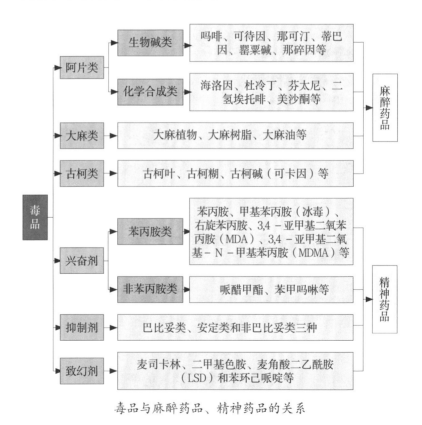

毒品与麻醉药品、精神药品的关系

3.性质不同

受管制的一些药品具有双重性质，违反法律规定生产、制造、运输、销售、使用的药品为毒品，法律规定范围之内合法生产、制造、运输、销售、使用的就是药品。

禁毒科普 注意!你是否处于容易滥用药物的危险情境?

三、知识点：毒品与笑气的关系

在我国，笑气已被列入《危险化学品目录（2015年版）》，但尚未被列入《麻醉药品和精神药品品种目录（2023年版）》，只被归为普通的危险化学品进行管理，但笑气对人的危害不容小觑。

（一）笑气是什么？

笑气，学名一氧化二氮，是一种无色有甜味的气体。它是一种氧化剂，在一定条件下能支持燃烧，但在室温下稳定，有轻微麻醉作用。笑气本是应用于医学麻醉、食品加工等领域的物品，却因为被不法分子所利用，成了不是"毒品"的毒品。

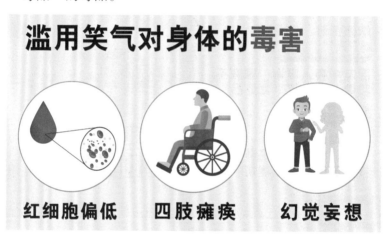

笑气瓶（气弹）

吸食笑气能让人在生理和心理上产生依赖，虽然笑气不属于毒品，但是吸食笑气的体验与吸食毒品相似，长期吸食笑气对人体的危害与毒品类似，在成瘾性上也与毒品相同。

（二）笑气作用于人体的机理

笑气能迅速地和血红蛋白发生相互作用，使血红蛋白的结构发生改变，从而抑制血红蛋白携氧功能，导致内窒息。内窒息可致死，其危害是肯定的。此外，长期吸食笑

3分钟认识笑气

听一听

气对人的中枢神经系统有损伤，会导致中枢神经系统的功能受损，特别是认知功能的下降。

笑气具有成瘾性和神经毒性。此类致幻剂药效过后，一切因药力而产生的欣悦感将荡然无存，而吸食者却要以牺牲健康来作为代价。对此，警方呼吁广大市民要清醒认识笑气的危害性，自觉抵制并做到"不好奇、不尝试、不滥用"。

（三）非法经营笑气案例

2018 年 4 月 4 日，全国首例非法经营笑气案在浙江省云和县人民法院开庭审理。被告人殷某某违反国家规定，

在未取得危险化学品经营许可证的情况下，非法经营一氧化二氮（俗称"笑气"），销售额共计 30 余万元，违法所得人民币 3 万余元，判处有期徒刑两年，并处罚金人民币 5 万元。[1]

第三节　毒品的分类

毒品种类很多，范围很广，分类方法也不尽相同。

一、按毒品的来源划分

按毒品的来源划分，可分为天然毒品、半合成毒品和合成毒品三大类。天然毒品是直接从毒品原植物中提取的毒品，如鸦片。半合成毒品是由天然毒品与化学物质合成的毒品，如海洛因。合成毒品是完全用有机合成的方法制造的毒品，如苯丙胺类毒品。

---

[1] 雷丽梅、李海洋：《全国首例非法经营笑气案宣判》，见浙江检察网（http://www.zjjcy.gov.cn/art/2018/4/4/art_31_55660.html）。

二、按毒品对人体中枢神经的作用划分

按毒品对人体中枢神经的作用划分，可分为抑制剂、兴奋剂和致幻剂等。抑制剂能抑制中枢神经系统，具有镇静和放松作用，如鸦片类毒品。兴奋剂能刺激中枢神经系统，使人感觉兴奋，如苯丙胺类毒品。致幻剂能使人产生幻觉，导致自我歪曲和思维分裂，如麦司卡林。

三、按毒品的自然属性划分

按毒品的自然属性划分，可分为麻醉药品和精神药品。麻醉药品是指对中枢神经有麻醉作用，连续使用易产生生理依赖性的药品，如鸦片类。精神药品是指直接作用于中枢神经系统，使人兴奋或抑制，连续使用能产生依赖性的药品，如苯丙胺类。

四、按毒品流行的时间顺序划分

按毒品流行的时间顺序划分，可分为传统毒品和新型毒品。传统毒品一般指鸦片、海洛因等早期流行的阿片类毒品。新型毒品是相对传统毒品而言的，主要指冰毒、摇

...

头丸等人工化学合成的致幻剂、兴奋剂类毒品，在我国主要从 20 世纪末、21 世纪初开始在娱乐场所中流行。

禁毒科普 常见新型毒品和笑气危害的新闻案例

第四节 常见毒品的种类及特征

一、传统毒品

（一）海洛因

海洛因（heroin），化学名称乙酰吗啡，俗称"白粉""白面""四号"。

块状海洛因

作用表现：中枢神经抑制剂。

物理性质：纯品为白色柱状结晶或结晶性粉末。

滥用方式：通过鼻吸、抽吸、皮下注射和静脉注射等方式进入体内。

毒性特征：具有镇痛、镇静、镇咳、平喘、缩瞳、催吐、抑制呼吸、精神欣快、影响内分泌等作用，可经消化道、黏膜和肺等途径

海洛因

16

吸入，可引起呼吸衰竭，导致死亡。海洛因的致死量为 0.12
至 0.15 克。

中毒症状：滥用者会出现瞳孔缩小、畏光、肌体消瘦、
说话含混不清、皮肤发痒、免疫功能降低等症状；并发症有
艾滋病、肝炎、梅毒、肺炎及肺水肿等。戒断时出现以下症
状：初时流涎、流涕、流泪、出汗、焦虑、频繁打哈欠、失
眠等，继而厌食、瞳孔扩大、恶心、呕吐、腹绞痛等。

（二）鸦片

鸦片（opium），医学名称阿片，俗称"大烟""烟
土""阿芙蓉"等。

作用表现：中枢神经抑制剂。

物理性质：深褐色膏状物（生鸦片）；黑色硬块状（精
制鸦片，又称"熟鸦片"）；粉状、片状或液体（鸦片制
品或制剂）。

滥用方式：一般为抽吸。

毒性特征：鸦片的药理作用主要由吗啡、可待因及那
可汀所引起，三者具有较强的成瘾性，属国家管制的麻醉
药品。轻度的鸦片中毒症状为极度兴奋，继而口渴、心烦、
疲乏、嗜睡及瞳孔开始缩小；中度症状为深睡，唤醒后意
识不清，并伴有恶心现象；重度症状为脉搏变慢、昏睡不

醒、体温下降、反射消失、呼吸变慢，最终因呼吸中枢麻痹死亡。阿片致死量为 2 至 5 克。

中毒症状：戒断症状一般在停药后 4 至 8 小时出现，于 36 至 48 小时达到顶峰。典型症状包括：初时流涎、流涕、流泪、出汗、焦虑、频繁打哈欠、失眠等；继而厌食、瞳孔扩大、皮肤起鸡皮疙瘩、恶心、呕吐、腹绞痛等；最后血压升高，肌肉和关节酸

膏状鸦片

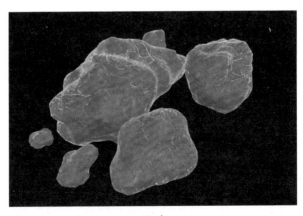

鸦片

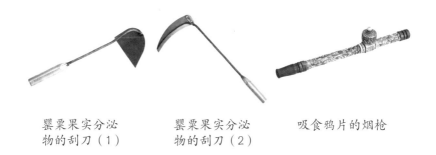

罂粟果实分泌物的刮刀（1）　　罂粟果实分泌物的刮刀（2）　　吸食鸦片的烟枪

痛，出现脱水，全身性不适加重。

3分钟讲述云南边境线上的缉毒故事

听一听

（三）吗啡

吗啡（morphine），俗称"1号海洛因"。

作用表现：中枢神经抑制剂。

物理性质：白色、有丝光的针状结晶或结晶性粉末，无臭。

滥用方式：一般为抽吸。

毒性特征：吗啡是鸦片中最主要的生物碱，主要对中枢神经系统起抑制作用，对呼吸中枢系统的麻痹作用为致

药用吗啡注射液

死的主要原因。急性中毒表现为颜面潮红、疲倦、眩晕、恶心、呕吐、动作不协调、状如酒醉、意识朦胧、昏迷、反射消失、体温和血压下降、两侧瞳孔缩小如针尖样大、脉弱不规则、呼吸浅慢或出现潮式呼吸，多在中毒6至8小时发生肺水肿和呼吸麻痹而死。

中毒症状：吗啡具有较强的药品成瘾性，一般连续使用1至2周即可出现耐受性，滥用剂量是普通治疗量的20至200倍。对吗啡成瘾者突然停用可出现戒断综合征，表现为流泪、流涕、出汗、瞳孔散大、血压升高、心跳加快、体温升高、呕吐、腹痛、腹泻、肌肉关节疼痛及神经和精神兴奋性增高，如惊恐、心神不定、打哈欠、震颤和失眠等，严重者还会出现虚脱和意识丧失。

（四）可卡因

可卡因（cocaine），化学名称为苯甲酰甲基芽子碱、甲基苯甲酰爱冈宁、古柯碱，俗称"可可精"。

作用表现：中枢神经兴奋剂。

物理性质：无色或白色薄片晶体或粉末，味苦而麻，有辣痛和麻痹感（纯品）。

滥用方式：鼻吸、烫吸、静脉注射。

毒性特征：过量吸食可卡因会引起震颤、眩晕、肌肉痉挛、激动不安、被迫害感、头痛、出冷汗、面色苍白、脉搏微弱且急促、恶心、呕吐、昏迷等不良反应。长期吸

块状可卡因

带蝎子商标的块状可卡因

食可卡因会引起紧张、兴奋、极度激动不安、敏感度加强、情绪波动、无法入睡、性无能、反射作用加强、食欲减退、精神紊乱、筋疲力尽。大剂量服用可卡因则会抑制心肌而引起心力衰竭，并严重抑制脑部的呼吸中枢，导致精神错乱、呼吸浅急及不规律、抽搐、惊厥和失去知觉，进而引致死亡。

中毒症状：可卡因是一种强效的中枢神经兴奋剂，通常表现为产生欣快感、情绪高涨、思维活跃、好动、健谈或作个人静思、食欲减退、睡眠需要不迫切、延迟身心疲劳感觉、强烈的自信心和驾驭感觉、迅速完成一些简单的动作。

（五）大麻

大麻（cannabis），俗称草、麻仔。

作用表现：中枢神经兴奋剂。

物理性质：大麻脂呈黄棕色、褐红色、黑色等颜色，大麻油呈深棕色或深绿色等颜色。

滥用方式：一般为抽吸。

毒性特征：精神活动方面，大麻可让使用者产生愉悦感，改变心境以及对事物的主观感受，损伤思考及解决问题能力，大剂量使用可出现幻觉、妄想、精神失常。身体方面，短期使用效果包括镇静、充血、心跳加快、肺部刺

大麻活株

七叶大麻原植物

激咳嗽、食欲增加以及血压降低等。吸食大麻的人会出现严重的健康问题，如支气管炎、肺气肿和支气管哮喘。长期大剂量使用大麻可引起脑退行性变化的脑疾病、严重的行为损伤、免疫系统抑制和神经系统疾病等。长期服用高剂量的大麻，一旦停服后会导致身体出现戒断症状，包括头痛、颤抖、出汗、胃痛和恶心等。

中毒症状：戒断症状还包括一些行为症状，如坐立不

大麻

安、易怒、睡眠障碍、食欲下降等。对大麻的依赖主要以
心理依赖为主，躯体依赖较轻，不易产生耐受性。

二、合成毒品

（一）冰毒

冰毒（methamphetamine），化学名称为甲基苯丙胺、
去氧麻黄碱、甲基安非他明。

作用表现：中枢神经兴奋剂。

物理性质：无色透明结晶体，形似冰（常见的固体是
甲基苯丙胺盐酸盐）。

滥用方式：烫吸、口服、鼻吸、静脉注射。

冰壶

25

毒性特征：少量服用表现出精神振奋、清醒、机敏、话多、兴致勃勃、思维活跃、情绪高涨，而且长时间工作或学习无疲劳感、无饥饿感。长期滥用可能造成慢性中毒、体重下降、消瘦、溃疡、脓肿、指甲脆化和夜间磨牙。

中毒症状：采用静脉注射方式滥用冰毒者可引起各种感染并发症，包括肝炎、细菌性内膜炎、败血症和艾滋病等。严重者出现精神错乱、性欲亢进、焦虑、烦躁、幻觉状态。思维方面从最开始的多疑、敏感发展为偏执观念或妄想，并伴有相应的情绪变化。在妄想支配下滥用者因冲动甚至产生自杀或杀人等暴力行为。过量使用冰毒可导致急性中毒甚至死亡。

结晶体冰毒

（二）麻古

麻古，即含甲基苯丙胺的片剂，又称"麻谷""麻果"。

作用表现：中枢神经兴奋剂。

物理性质：颜色为彩色，含浓烈香味，质量为80毫克左右，直径约6毫米（片剂）。

因麻古的主要毒性成分是甲基苯丙胺，所以其毒性、滥用症状、在体内作用的过程与冰毒晶体相同。

颗粒状麻古

颗粒状麻古和摇头丸

（三）摇头丸

摇头丸（MDMA），化学名称 3,4－亚甲二氧基甲基苯丙胺。

作用表现：中枢神经兴奋剂。

物理性质：彩色，形态呈片状、胶囊或粉末状。

滥用方式：以口服为主。

毒性特征：摇头丸既有兴奋作用又有致幻作用，滥用者对致幻作用更上瘾。其能造成滥用者永久性的脑细胞损伤和非永久性的肝细胞损伤，严重中毒者可发生脱水和突发心脏病。

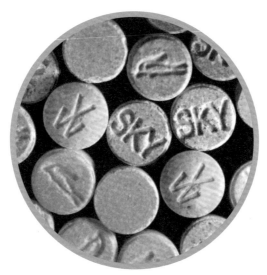

彩色颗粒状摇头丸

彩色颗粒状摇头丸

中毒症状：服用 MDMA 后，主要表现为活动过度、摇头扭腰、嗜舞、妄想、不知羞耻、性冲动及幻觉和暴力倾向，故俗称为"摇头丸"。长期滥用 MDMA 出现的副作用还表现为心理障碍，如心理混乱、抑郁、失眠、焦虑及神经错乱，接近半数的滥用者有恐慌和妄想症。

摇头丸

（四）开心水

开心水也被叫作 HAPPY 水。

作用表现：中枢神经兴奋剂。

物理性质：无味、透明、液态。

滥用方式：以口服为主。

毒性特征：开心水是一种毒品，一般含有冰毒、氯胺酮、苯丙胺、MDMA 等毒品成分中的一种或者几种，服用后可使人的中枢神经产生兴奋，具有欣快、警觉和抑制食欲等一系列作用，重复使用会使人上瘾。

中毒症状：在不同案件中所缴获的开心水，其中的成分不尽相同，甚至存在较大差异。开心水中毒的症状一般表现为多话、头痛、错乱、高烧、血压上升、盗汗、瞳孔放大、食欲丧失等。如果大剂量使用会引起人精神错乱及思想障碍，有人会出现类似于妄想型精神分裂症的情况，变得多疑并出现种种幻听。

开心水

（五）神仙水

神仙水，化学名称 γ－羟基丁酸（γ-hydroxybutyrate，GHB），它与 MDMA、氯胺酮一起并称为三大迷奸药，与此有关的性犯罪时有发生。

作用表现：中枢神经抑制剂。

物理性质：白色粉末。

滥用方式：以口服为主。

毒性特征：低剂量 GHB（0.5 至 1.5 克）进入人体会影响人脑部正常的传导物质的运输，能产生松弛、平静、性冲动、中等欣快感、情绪热烈、令人舒适的睡意等感觉。服用高剂量 GHB 可以产生松弛、欣快、混乱等感觉，造

含有 γ－羟基丁酸的饮料
（咔哇潮饮）

成嗜睡、恶心、呕吐、易激动、眼球震颤、外周视觉丧失、幻觉、短时健忘症等症状。

中毒症状：如果摄入过量，则会导致心搏徐缓，有可能发生痉挛性肌肉收缩、神志不清、谵妄、抽搐、昏迷、肝衰竭、呼吸抑制、呼吸暂停、低血压和吸入性肺炎等症状，中毒者还可能因呕吐使呼吸道梗阻导致窒息而亡。GBL 和 1,4-butanediol 口服后可在人体内迅速水解成为 GHB，因此其滥用效果与 GHB 几乎相同。

三、新精神活性物质

新精神活性物质，又称"策划药"或"实验室毒品"，是不法分子为逃避打击而对管制毒品进行化学结构修饰得到的毒品类似物。由于其毒理作用比传统毒品更强、更难于管控、更善于伪装，使得它已成为继海洛因、冰毒之后的第三代毒品，在欧美、俄罗斯、日本等国家和地区滥用趋势明显。

听一听

（一）氯胺酮

氯胺酮（ketamine），俗称"K 仔""K 粉"。

作用表现：中枢神经抑制剂。

物理性质：白色粉末（纯品），白色结晶粉末（外消旋氯胺酮盐酸盐）。

滥用方式：鼻吸，也有将氯胺酮溶入饮料等液体或制成片剂以口服方式滥用，还有少数通过静脉注射、肌内注射等方式滥用。

毒性特征：①依赖综合征。通常在停药后 12 至 48 小时后可出现烦躁不安、焦虑、抑郁、精神差、疲乏无力、皮肤蚁走感、失眠、心悸、手震颤等戒断症状。②精神病性障碍。氯胺酮滥用者常出现精神病性症状，主要表现为幻觉、妄想、易激惹、行为紊乱等症状。③认知功能损害。表现为学习能力下降、执行任务困难、注意力不集中、记忆力下降等。④躯体并发症。表现为排尿困难、尿频、尿急、尿痛、血尿、夜尿增多、急迫性尿失禁等，以及慢性

粉状氯胺酮（K 粉）

K 粉

鼻炎、鼻中隔穿孔和鼻出血等鼻部疾病。

中毒症状：中毒时可表现出兴奋、话多、自我评价过高等行为症状，理解判断力障碍，可导致冲动，如自伤与伤害他人等行为。此外，滥用氯胺酮后性冲动较强烈，易引发不当性行为，增加性传播疾病的风险。

（二）合成大麻素类

合成大麻素是一系列具有类似天然大麻素作用的人工合成物质。吸食合成大麻素能产生比天然大麻更为强烈的快感，这导致合成大麻素迅速蔓延，已成为新精神活性物质中涵盖物质种类最多、滥用也最为严重的一类。

作用表现：中枢神经兴奋剂。

物理性质：该类制品多以香料、花瓣、烟草、电子烟油等形态出现，代表制品包括"小树枝""香料""香草烟"等。

滥用方式：合成大麻素类物质一般被喷涂在植物碎末表面，制成植物熏香用于吸食，而且往往是多种合成大麻素混合使用，这使得它们的成瘾性和危害性更难以判断，相关的研究也很有限。

毒性特征和中毒症状：一般认为它们的成瘾性和戒断症状与天然大麻类似，长期吸食会导致心血管系统疾病及精神错乱，同时也存在致癌的风险。

合成大麻素类毒品（"香草烟"的外包装）

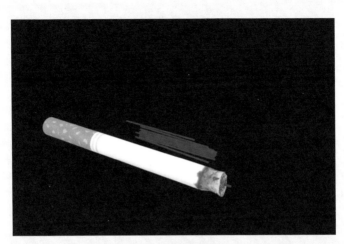

"小树枝"

"香草烟"

（三）卡西酮类

历史上，一些卡西酮类药物曾被用作抗抑郁和抗震颤麻痹（帕金森病）药物，但最终都由于成瘾和滥用的问题而退出临床使用。

作用表现：中枢神经兴奋剂。

物理性质：多为粉末和片剂，常以"浴盐""植物肥料""喵喵""除草剂""研究性化学品"等名称伪装出售。

滥用方式：以口服为主，也有鼻吸、注射、混合饮用

粉状卡西酮类毒品（"喵喵"）

的方式。

毒性特征和中毒症状：吸食卡西酮类物质能导致类似甲基苯丙胺的兴奋作用和类似麦角酸二乙胺（LSD）的致幻作用，同时还伴有心动过速、血压升高等反应。同时，由于卡西酮类物质通过血脑屏障进入神经中枢的能力较弱，滥用者往往会加大用量并持续吸食以获得预期的兴奋感，从而导致更为严重的大脑损伤。目前，滥用此类药品导致精神错乱、自残及暴力攻击他人的案例已被多次报道。

卡西酮类毒品胶囊

（四）芬太尼类

芬太尼属于阿片类物质，芬太尼类新精神活性物质均为芬太尼的衍生物，是人工合成的强效麻醉性镇痛药，药理作用与吗啡类似。目前，已经报道的芬太尼类新精神活性物质有 60 余种，我国现已列管了卡芬太尼、呋喃芬太尼

药用芬太尼注射液

等 23 种，涵盖国际禁毒公约管制的全部芬太尼类物质。

作用表现：中枢神经抑制剂。

物理性质：多以粉状、液体出现。

滥用方式：一般为抽吸。

毒性特征和中毒症状：吸食芬太尼类新精神活性物质会出现瘙痒、恶心、呼吸抑制等副作用。由于此类物质药效较强，极少量的摄入即可对人体造成伤害，甚至危及生命，美国已出现上万起滥用芬太尼类物质致死案例。

粉状芬太尼类毒品

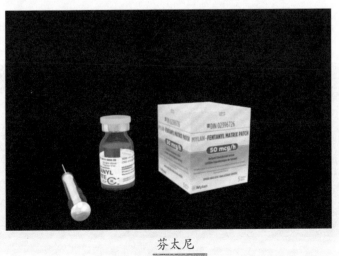

芬太尼

（五）苯乙胺类

苯乙胺是一种生物碱与单胺类神经递质，可以提升细胞外液中多巴胺的水平，同时抑制多巴胺神经活化，治疗抑郁症。苯乙胺类新精神活性物质均为苯乙胺的衍生物，是人工合成的抗抑郁药。

作用表现：中枢神经兴奋剂。

物理性质：多为粉末。

滥用方式：口服，2,5－二甲氧基苯乙胺的衍生物类一般吸附于类似邮票的纸片上，含食。

毒性特征和中毒症状：在低剂量摄入后，它们主要产生类似吸食苯丙胺类药品的兴奋作用；在高剂量摄入后，则产生类似吸食麦角酸二乙胺（LSD）和麦斯卡林的强烈致幻作用。长期滥用该类物质会导致精神错乱。该类物质具

邮票式样苯乙胺类毒品（一）

邮票式样苯乙胺类毒品（二）

有兴奋能力强、持续作用时间长的特点，一次大量使用会
导致心动过速、血压上升、肝肾功能衰竭等急性中毒症状，
甚至可以引发抽搐、脑卒中致死。长期滥用则会导致多巴
胺能神经元发生退行性病变，使滥用者精神错乱，出现妄

"邮票" LSD

想和抑郁等症状。

（六）色胺类

色胺类物质是一类与神经递质 5- 羟色胺化学结构相似的新精神活性物质，通过与 5- 羟色胺受体结合，产生致幻效应。

作用表现：中枢神经致幻剂。

物理性质：白色或米黄色粉末。

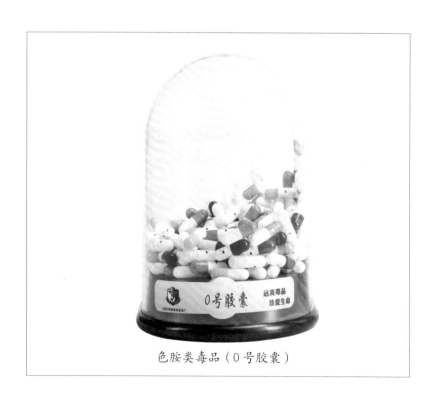

色胺类毒品（0 号胶囊）

滥用方式：色胺类物质是 0 号胶囊的主要成分，其以胶囊、片剂、粉末、液体等多种形式出售，多采用口服、鼻吸、抽食、注射等多种方式吸食。

毒性特征和中毒症状：吸食色胺类物质后能使人体产生兴奋感、性冲动和发泄的欲望，甚至还会产生幻觉，从而失去对疼痛的感知，达到持续兴奋的效果。在药效发作期间，人会保持癫狂的状态好几个小时。中毒后会出现瞳孔放大、恶心、下腭紧闭、肌肉紧张过度、血压升高、心跳过速等症状。使用超过 6 毫克可能会产生幻听、行动迟缓，甚至丧失意志等情况，严重者还会出现全身抽搐，急性心脏衰竭，最终导致死亡。

（七）植物类

植物类新精神活性物质主要包括恰特草（khat）、卡痛叶（kratom）、鼠尾草（salvia divinorum）。

1. 恰特草

恰特草原产于非洲及阿拉伯半岛，主要活性成分为卡西酮，具有兴奋和轻微致幻作用。由于卡西酮容易降解，恰特草一般以新鲜的植物出售，但也有卖干叶子和酒精提取物的。吸食方式一般是咀嚼恰特草的叶子和嫩芽，也有用恰特草沏茶。

碎叶状恰特草

袋装碎叶状恰特草（阿拉伯茶）

捆好待售的恰特草

2. 卡痛叶

卡痛叶原产于东南亚，主要活性成分为帽柱木碱和7-羟基帽柱木碱，具有类似吗啡的麻醉作用。卡痛叶的新鲜叶子一般用来咀嚼，干燥叶子粉碎后一般用来口服或煮茶。

3. 鼠尾草

鼠尾草原产于墨西哥，主要活性成分为二萜类物质，具有强烈致幻作用。鼠尾草一般以种子或叶子出售，但也有卖其液体提取物的。鼠尾草的新鲜叶子一般用来咀嚼，

碎叶状鼠尾草

或是捣碎冲泡饮用，干叶子以抽烟的方式吸食。

　　滥用上述各类新精神活性物质所产生的社会危害后果十分严重。尽管此类物质出现时间较短，成瘾性和长期生理损害有待深入研究，但其社会危害已日益显现。由于该类物质具有强烈的兴奋和致幻作用，吸食后会引起偏执、焦虑、恐慌、被害妄想等反应，由此诱发的恶性暴力犯罪案件屡有发生。同时，新精神活性物质种类繁多，危害也有显著差异。很多情况下滥用者并不知道自己购买的新精神活性物质的具体种类，难以把握用量，由于吸食过量导致急性中毒甚至死亡的案例也时有出现。

四、知识点：新型毒品的特性

（一）多样化的伪装，降低了年轻群体的警觉性

新型毒品的常见形式为掺入冲泡式饮品粉末，再以市售或自创品牌包装的形态贩售，或将毒品制成毒邮票、毒果冻、毒巧克力等样式吸引年轻群体。

具迷幻作用的类大麻活性物质（K2），会喷洒在烟草或干燥花草表面，以干燥植物或花草茶包的形式贩售。

（二）多种成分混合，药理复杂，危害巨大

男子随身携带跳跳糖
原来全是毒品

当心！毒品伪装成
茶包、糖果或巧克力

旅游时误食"毒品果冻"
小游客昏睡22小时

毒品外观千奇百怪
同学请吃软糖竟是毒品

水果味梅子粉
原来这也是新型毒品

混用药理作用相反或相似的毒品，会对身体造成严重伤害，若再与酒类并用，可能导致药效加剧，发生无法预估的结果。

（三）有组织性的营销

现今毒品营销朝产业链方向发展，常以首次免费供应的方式提供，不只在线上营销，甚至发起"团购"的形式，借由伙伴关系影响并引诱青少年开始滥用药品。

第二章

Chapter 2

毒品危害

一、不能吸毒的原因

这个问题可能有千百种答案，但最真切的是过来人的感受。曾经有一名成功戒毒的朋友说："吸毒后，整个人生只剩下一个目标，就是怎样找到下一顿的'货'！"

这个答案足以让我们警醒，因为吸毒嗑药所产生的毒瘾，对人们身体和心理的钳制，远超过你我的想象。任何人一旦染上毒瘾，将终生沉沦挣扎在"吸这一次"与"吸下一次"之间，最终放弃了家庭、学业、事业，以及一切可以实现梦想的机会。

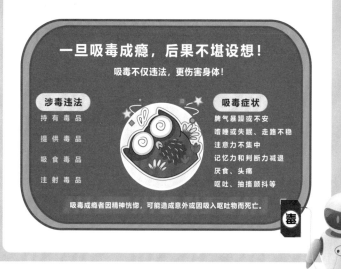

一旦吸毒成瘾，后果不堪设想！

吸毒不仅违法，更伤害身体！

涉毒违法

持 有 毒 品

提 供 毒 品

吸 食 毒 品

注 射 毒 品

吸毒症状

脾气暴躁或不安

嗜睡或失眠、走路不稳

注意力不集中

记忆力和判断力减退

厌食、头痛

呕吐、抽搐颤抖等

吸毒成瘾者因精神恍惚，可能造成意外或因吸入呕吐物而死亡。

二、吸食毒品与滥用药品的危害

吸食毒品对身体的危害是全身性的。国内外研究指出，滥用药品可能造成心血管系统、免疫系统、造血系统、肝脏解毒功能等异常，身心均会受影响。随着认知功能的下降，工作能力逐渐降低、学业逐渐退步，学生若在课业上无法适应，终会导致失学或是辍学。

此外，吸食毒品还会引发暴力犯罪、家庭暴力、意外死亡等问题出现，不仅危害个人、家庭，而且也会给社会带来严重的危害。

染上毒品，后患无穷！

染毒除了对身心造成严重伤害外，制造、运输、贩卖、持有毒品，还要承担相应法律责任，也会让孩子的未来蒙上一层阴影。

第一节 毒品成瘾揭秘

一、"瘾"与"瘾君子"

很多人即使知道毒品成瘾很恐怖，可能也并不清楚毒品成瘾的机制，以及这种成瘾性究竟会让人发生怎样的变化，导致这样翻天覆地的变化的原因又是什么。

我们都曾听说过名为多巴胺的脑内分泌物，它是一种神经递质，能与某些神经突触上专门的受体结合，经由这

吸毒为什么会成瘾

精神依赖

毒品有个共同特性，就是进入人体后作用于人的大脑中与学习记忆有关的神经系统，逐渐产生精神依赖（心瘾），进而形成追求使用毒品的身体依赖行为。

身体依赖

毒品进入人体后，破坏人体正常的平衡，产生在毒品作用下新的平衡状态。一旦停止吸毒，就会感到不适。只有不断地吸入更大剂量的毒品才能保持新的平衡。

吸毒会成瘾是毒品与人体互相作用的结果

一过程能让人感到愉悦。随后，多巴胺从受体脱落，被转运蛋白吸收进神经细胞中，下次还能继续使用。这样的奖励系统如果能正常运作，人会因渴望成功带来的喜悦而不断进步，即使是遇到困难也愿意努力克服。

然而，毒品是会作弊的。它们能极大地提升多巴胺的浓度，让人感受到极度的兴奋。为了达到这种刺激，它们甚至"不择手段"。生理伤害仅次于海洛因的著名毒品可卡因，能抢在多巴胺之前同多巴胺转运蛋白结合，而多巴胺无法被回收，只能继续同受体结合，这样自然带来近乎疯狂的快感。而鸦片类药品如吗啡和海洛因，则是直接让人的大脑一次性释放大量多巴胺，带来欲仙欲死的快乐体验。

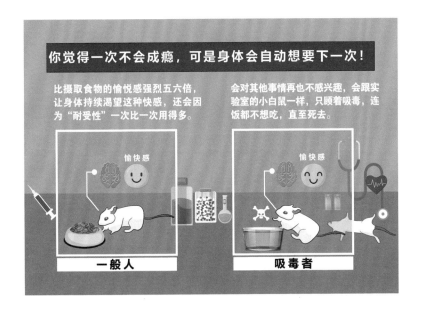

当多巴胺的量多到异乎寻常的时候，人的大脑也会为此做出相应的改变：超高剂量的多巴胺会通过一系列复杂的过程，使得和成瘾密切相关的基因过多表达。最终，多巴胺受体的数量因这一系列过程而变少，和原来等量的多巴胺已经无法像从前那样让人开心起来。那些曾经令人欣喜若狂的事如考取的高分、甜蜜的恋爱、成功的事业等，如今都变得索然无味。为了满足神经系统的需求，吸食者只能继续用药，且剂量一次比一次大，频率也越来越高。一旦停药其就会陷入痛苦焦躁的戒断反应中，不能自拔。

二、成瘾是否为病

美国国家药物滥用研究所（NIDA）的资料显示，成瘾是一种慢性、易复发的脑部疾病，会造成滥用者对于毒品产生强迫性的渴求及使用，并且失去控制力，即使知道毒品会对自己造成伤害，也无法控制自己想要再去使用的冲动。比如滥用者正专注做某一件事，若毒瘾发作，则会无法克制自己，从而继续使用毒品。倘若一直沉溺在使用毒品的情绪状态中，则会荒废学业和事业。当脑部被毒品"绑架"后，就会成为一种长期的反应，即使停用，一旦碰到之前使用毒品时的人、事件、时间、地点、物品等，就会唤起曾经的感

觉，从而难以完全戒除。

这些成瘾药品有一个共同的特点，就是作用产生效果很快，但整个过程结束得也很快。所以，当身体越来越习惯药品的作用时，只有让剂量一直增加，才能维持原本所达到的效果，专业上称为耐受性。而当突然停止或减少使用毒品时，生理上就会出现不适的反应，这称为戒断反应。因为害怕这种不适的感觉，滥用者就会持续使用，用量也会越来越多，严重时甚至可能中毒。为了持续得到毒品，滥用者无法正常工作与学习，进而衍生出一系列经济上的问题，甚至可能为了购买毒品而实施犯罪，此时，滥用者早已陷入成瘾的泥沼之中。

三、毒品的成瘾过程

毒品的成瘾过程是指吸毒者对毒品产生强烈的心理和生理渴求感，以致不顾一切地追求、使用毒品，最终造成严重后果的过程。成瘾行为是吸毒者为达到某种目的而自愿选择的一种行为方式。在这个过程中，吸毒者会有多种生理反应，如心率加快、血压升高、体温升高、肌肉震颤等。

（一）渴求阶段

吸毒者在毒瘾发作时，往往表现出焦虑、烦躁不安、坐立不安，或出现抑郁、沮丧、恐惧等情绪，即产生了一种强烈的心理渴求感。当这种渴求感在强烈的刺激下无法忍受时，吸毒者就会寻求其他方式来解除，此时毒品就成为首选。吸毒者在这个阶段很容易受到诱惑而吸毒。此时吸毒者的认知和行为都会受到影响，表现为情绪不稳定、冲动易怒、焦虑烦躁、失眠不安等。另外，吸毒者会采取各种手段来满足毒瘾发作时的心理渴求感，如用各种方式去寻找毒品、通过各种关系靠近吸毒者，等等。

（二）抑制阶段

抑制阶段是吸毒者最易出现的阶段。在这个阶段，吸毒者对毒品的渴求程度逐渐下降，但由于各种原因（如家庭变故、就业困难等），其渴求心理仍然很强烈。这时，吸毒者对毒品的依赖程度也在逐渐降低，但此时毒品仍在其体内不能完全排出体外，从而出现了各种戒断症状。

（三）再次渴求阶段

吸毒者对毒品的心理渴求感达到最高峰时，吸毒行为也达到顶峰。这时，吸毒者的身心会产生极度的痛苦和不适，他们只能借助于不断去寻找毒品来缓解这种痛苦，形成了对毒品的强烈渴求。

（四）反弹性阶段

在这个阶段，吸毒者已经对毒品产生了依赖性，当吸毒者停止吸毒，想要准备戒断毒瘾时，毒品作用于身体的影响就会逐渐减弱甚至消失。但是，吸毒者在心理上对毒品的强烈渴求不会减弱，常伴有强烈的戒断反应，如身体不舒服、情绪不安等，并有一定程度的社会功能下降，甚至出现戒断后的应激反应。因此，很多吸毒者在这一阶段出现各种严重的心理问题和人格改变。

（五）戒断阶段

在经历了对毒品的渴求期、准备期、戒断期三个阶段后，吸毒者会在生理和心理上产生戒断症状，如头晕、恶心、呕吐、出汗、震颤、谵妄和幻觉等。这些戒断症状是由身体对毒品的适应性变化引起的，即戒断症状是由生理上的戒断症状和心理上的戒断症状两方面共同作用引起的。

（1）生理上的戒断症状：头晕、恶心、呕吐、出汗等。这些反应都是暂时的，在一段时间后就会消失。

（2）心理上的戒断症状：幻觉和妄想是心理上的戒断

毒品的成瘾机制

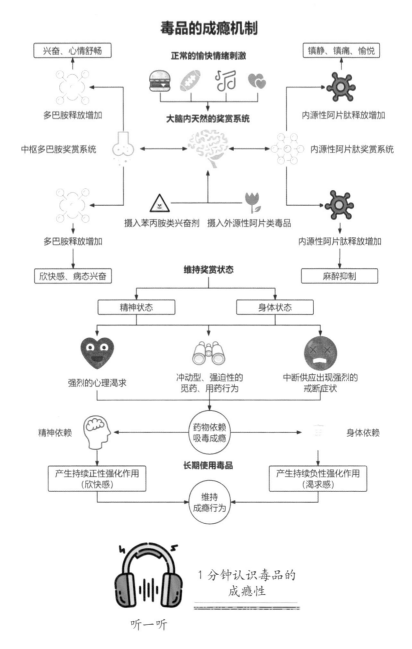

兴奋、心情舒畅

镇静、镇痛、愉悦

正常的愉快情绪刺激

多巴胺释放增加

大脑内天然的奖赏系统

内源性阿片肽释放增加

中枢多巴胺奖赏系统

内源性阿片肽奖赏系统

摄入苯丙胺类兴奋剂　摄入外源性阿片类毒品

多巴胺释放增加

内源性阿片肽释放增加

欣快感、病态兴奋

维持奖赏状态

麻醉抑制

精神状态　　身体状态

强烈的心理渴求　　冲动型、强迫性的　　中断供应出现强烈的
　　　　　　　　　觅药、用药行为　　　戒断症状

精神依赖　　药物依赖　　身体依赖
　　　　　吸毒成瘾

长期使用毒品

产生持续正性强化作用　　产生持续负性强化作用
（欣快感）　　　　　　　　（渴求感）

维持
成瘾行为

1分钟认识毒品的
成瘾性

听一听

60

症状。例如，吸毒者产生幻觉时会听到有人说"你已经脱离了肉体"或者"你永远不会回来了"之类的话。

第二节　毒品对身体的伤害

一、生理依赖性

生理依赖性是反复用药所造成的一种强烈的依赖性。毒品作用于人体，使人体机能产生适应性改变，形成在药品作用下的新的平衡状态。一旦停用药品，人体生理功能就会发生紊乱，出现一系列严重的戒断反应。用药者为了

避免出现戒断反应，就必须定时用药，并且不断加大剂量，这也导致吸毒者终日离不开毒品。

二、精神依赖性

毒品进入人体后作用于人的神经系统，使吸毒者出现一种渴求用药的强烈欲望，驱使吸毒者不顾一切地寻求和使用毒品。一旦出现精神依赖后，即使经过脱毒治疗，在急性期戒断反应基本控制后，要完全恢复原有生理机能，往往也需要数月甚至数年的时间。

更严重的是，对毒品的依赖性难以消除。这是许多吸毒者一而再、再而三复吸的原因，也是医药学界尚待解决的课题。

✓ **心理依赖**

生活不顺，吸了就可以开心，不吸会沮丧。

✓ **身体抗议**

哭泣、流涕、冷汗、畏寒、瞳孔放大、虚弱、无力、失眠、肌肉骨骼疼痛、恶心、呕吐、腹泻、嗜睡、头痛、产生幻觉。

2分钟了解吸毒为
什么越吸剂量越大

听一听

三、危害人体的机理

　　我国目前流行最广、危害最严重的毒品是海洛因，海洛因属于阿片类药物。在正常人的脑内和体内的一些器官中，存在着内源性阿片肽和阿片受体。在正常情况下，内源性阿片肽作用于阿片受体，调节着人的情绪和行为。人在吸食海洛因后，抑制了内源性阿片肽的生成，逐渐形成

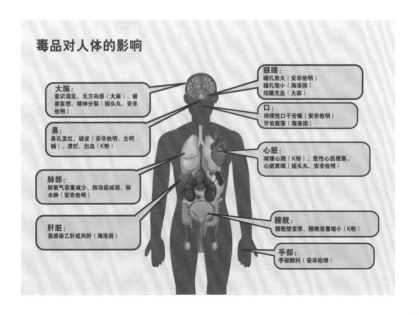

毒品对人体的影响

大脑：
意识混乱、无方向感（大麻）、被害妄想、精神分裂（摇头丸、安非他明）

鼻：
鼻孔发红、破皮（安非他明、古柯碱）、溃烂、出血（K粉）

肺部：
肺氧气容量减少、肺功能减弱、肺水肿（安非他明）

肝脏：
易感染乙肝或丙肝（海洛因）

眼睛：
瞳孔放大（安非他明）
瞳孔缩小（海洛因）
结膜充血（大麻）

口：
持续性口舌燥（安非他明）
牙齿脱落（海洛因）

心脏：
减缓心跳（K粉）、急性心肌梗塞、心脏衰竭（摇头丸、安非他明）

膀胱：
膀胱壁变厚、膀胱容量缩小（K粉）

手部：
手部颤抖（安非他明）

在海洛因作用下的平衡状态，一旦停用就会出现不安、焦虑、忽冷忽热、起鸡皮疙瘩、流泪、流涕、出汗、恶心、呕吐、腹痛、腹泻等戒断反应。这种戒断反应的痛苦，反过来又促使吸毒者为避免这种痛苦而千方百计地维持吸毒状态。冰毒和摇头丸在药理作用上属中枢兴奋药，会损坏人的神经中枢。

2 分钟了解条件反射与抵抗反应在吸食毒品中的作用

听一听

四、危害人体的肌体

静脉注射阿片类毒品的危害最大，其对人体的免疫功能有着直接和全面的损害。

静脉注射毒品，最容易因毒品过量引发死亡，国内外大量的统计已经充分证明了这一点。肌内或皮下注射毒品，注射部位的皮肤可能出现脓肿、感染、色素沉着、瘢痕硬结等症状。通过呼吸道途径吸食毒品，是指将毒品加温后，使之通过呼吸道进入人体的吸食方式。长期吸食会对呼吸系统造成恶性刺激，轻者可致气管炎，重者导致肺炎、肺气肿和肺癌。

听一听

2分钟了解神经递质和感受器的数量对人体的影响

五、吸食毒品容易感染疾病

　　吸毒不仅会破坏人的正常生理机能，而且会破坏人的免疫功能，导致人患上各种疾病。长期吸毒的"瘾君子"从事体力劳动和脑力劳动的能力会逐渐减弱，以至完全丧失，最终走向死亡。

（一）艾滋病

艾滋病主要通过血液进行传播。当吸毒者毒瘾发作时，常常几个人甚至十几个人共用一副注射器，别说消毒，连起码的清洗都来不及。如果其中有一个人是艾滋病病毒感染者，注射器就会被污染，艾滋病病毒就会在其他吸毒者中传播。另外，吸毒者的性行为往往是很混乱的，性滥交也会引起艾滋病经性途径传播。还有一些吸毒者因为吸毒导致体质下降、身体免疫力差，这也为艾滋病病毒的感染和发病创造了条件。

（二）肺部疾病

吸毒时产生的烟雾会进入肺脏，长期吸毒会导致一系列肺脏疾病，如慢性肺炎、肺水肿、缺氧性肺血管收缩、肺结核等。另外，毒品对呼吸系统有明显的抑制作用，导致气管分泌物变黏稠，使气管内阻力增加。同时，毒品所含各种杂质都可成为特异体质的变应原，引起气管变应性炎症和呼吸道高反应性，引发急性支气管哮喘。

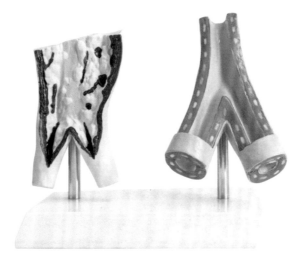

病态气管（左）与正常气管（右）比较

（三）大脑损伤

毒品还会给吸食者的大脑带来伤害，如果长时间吸食，则会损害神经系统，导致吸食者易患急性横贯性脊髓炎、急

性感染性神经炎、细菌性脑膜炎等。

不同类型的毒品对人体的影响虽然不同，但都会损伤大脑，不仅会让吸食者现实判断力下降、自我克制力变差，长期使用还会对吸食者脑部产生永久性的伤害，影响脑部神经传导物质的运作，使其产生幻觉、妄想、焦虑、忧郁、低落的现象，造成智力上的退化与改变等。

有研究显示，给老鼠喂食毒品后，需经过 7 年不再喂食，老鼠才可能恢复至正常的状态。

（四）心脏损伤

新型毒品带给人的强烈兴奋可造成吸毒者的心律严重失常，发展到后期则会引发心力衰竭。此外，静脉注射毒品已成为感染性心内膜炎的重要发病原因。反复使用未经

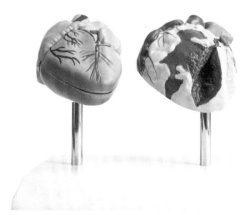

正常心脏（左）与病态心脏（右）比较

消毒的注射器和注射用水会将大量的细菌、病毒直接带入血液，使心脏瓣膜首先受损。沉积于瓣膜周围的细菌和病毒不仅会损毁瓣膜的形态和功能，引起贫血、发热、心功能衰竭，更为严重的还会引发瓣膜赘生物脱落，造成肺栓塞、脑梗死，最终导致猝死。

（五）性疾病传播

大多数吸毒者有多个性伴侣且性交方式混乱，导致淋病、尖锐湿疣、衣原体生殖器感染、梅毒等性病发病率上升。吸食新型毒品，会导致女性内分泌失调、不孕不育，而男性会逐渐丧失固有的性功能，严重的会造成不孕

不育。若吸毒期间生育胎儿，可能会造成胎儿畸形，甚至死亡。

第三节 毒品对家庭的影响

一、吸毒耗费大量财力

由吸毒所引发的家庭悲剧已屡见不鲜，一旦家庭中出现一个吸毒者，就意味着贫困和矛盾将围绕着这个家庭，最后的结局往往是倾家荡产，妻离子散，家破人亡。

吸毒本身就已经耗费大量钱财，再加上吸毒引发的疾病使得吸毒者逐渐丧失了劳动力，这必然给家庭造成更加严重的经济负担。

二、吸毒会导致婚姻瓦解，家庭破裂

　　随着毒瘾加大，吸毒者性格越发暴戾，家庭暴力与犯罪时有发生，最终破坏家庭和睦，导致家庭破裂。人一旦染上毒瘾，就会丧失道德观念和责任义务，夫妻双方不能履行各自的职责和义务，必然导致婚姻瓦解。

　　一些吸毒人员还会把毒瘾"传染"给家庭成员。大量

案例表明，很多吸毒者都是从亲属、近亲属那里获得毒品，从而沾染恶习，甚至出现了全家吸毒的现象。

三、吸毒危及下一代

怀孕妇女吸毒将严重影响胎儿的正常发育，甚至会导致新生儿先天畸形或染上毒瘾。父母吸毒，必然严重影响下一代的生理与心理健康。无论是家庭经济状况的恶化还是家庭关系的破裂，都必然给儿女造成伤害。生活在吸毒者家庭中的孩子缺少家庭关爱，常伴有不健康的心理状况，行为往往具有攻击性和反抗性，更容易走上违法犯罪的道路。

孩子染毒了吗？
不要侥幸以为吸毒不会上瘾
性格转换　外观改变　行为异常　习惯改变

第四节　毒品对社会的影响

一、对社会生产的危害

　　吸毒者大都无意从事生产劳动，不能创造社会财富，即使还在劳动、工作，也极易发生意外事故。在部分毒品泛滥的农村地区，经常看到成片荒芜的农田。残酷的事实表明，凡是吸毒情况严重的地区，其劳动生产力必然遭到极大的破坏，地区经济状况也随之急剧衰退。

同时，为了与毒品及毒品犯罪作斗争，政府在挽救和治疗吸毒者、开展禁毒教育和科研、加大缉毒力度等方面都投入了大量的人力、物力和财力。

二、对社会治安的影响

毒品交易活动猖獗会诱发各种违法犯罪活动，扰乱社会治安，给社会安定带来巨大威胁。首先，吸毒者因筹集毒资容易诱发犯罪。吸毒需要大量的金钱支撑，为筹集和抢夺毒资，吸毒者往往丧心病狂、不择手段，甚至铤而走险，进行敲诈勒索、盗窃、诈骗、抢劫、贪污、卖淫甚

至杀人等违法犯罪活动。其次，吸毒者因毒品的毒性作用而人性扭曲，容易诱发犯罪。吸毒之后，毒瘾导致吸毒者对正常人性的束缚和法律规范的敬畏感消失。最后，吸毒者形成的交际圈容易诱发犯罪。毒品的贩卖都是隐秘的，吸毒者只有加入他们的圈子才能源源不断地获取毒品。

 第五节　为什么青少年容易沾染毒品

　　青少年染上毒瘾的原因有以下五个方面：一是好奇心理。青少年觉得吸毒新奇、刺激，受好奇心驱使，盲目跟风，从而染上毒瘾。二是炫耀心理。为了标榜自己与众不同，处于叛逆期的青少年在"做别人不敢做的事"的观念驱使下开始尝试吸毒。三是交友不慎。在成绩差或行为不良的青少年群体中，经常出现同伴吸毒自己也跟着吸的现象，在不良朋友的引诱下，染上毒品。四是缺乏对毒品危害性的认识。青少年思想比较简单，对事物缺乏分析判断能力，常把毒品与香烟混淆，认为毒品可随时吸随时戒，并不可怕。五是家庭环境影响。不良的家庭环境往往成为青少年违法犯罪的重要原因，家庭不和睦、父母关系不和

谐，会使青少年产生厌家、敏感等情绪，这样的孩子也极易受到外人引诱。

为什么孩子会染上毒品？

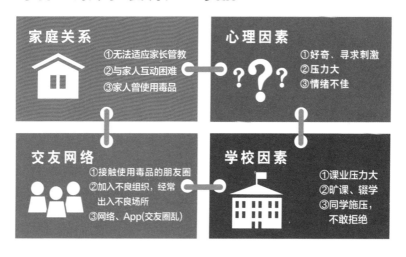

家庭关系
①无法适应家长管教
②与家人互动困难
③家人曾使用毒品

心理因素
①好奇，寻求刺激
②压力大
③情绪不佳

交友网络
①接触使用毒品的朋友圈
②加入不良组织，经常
出入不良场所
③网络、App(交友圈乱)

学校因素
①课业压力大
②旷课、辍学
③同学施压，
不敢拒绝

什么是吸毒成瘾及成瘾严重？

第三章

Chapter 3

防毒妙计

随着毒品更新换代越来越快，人们对新型毒品危害的认识也渐趋不足。加之新型毒品的伪装性和诱惑性极强，增加了识毒、防毒的难度，给青少年带来了极大的威胁。

有不少青少年在面对朋友的毒品引诱时，都会觉得很矛盾，明知道毒品有害却难以拒绝，主要在于担心破坏友谊，怕被朋友排斥，这就需要青少年加强防范，提高警惕，学会拒毒。

拒绝毒品怎么做？

1. 不因朋友邀请或好奇心驱使尝试
2. 告知理由、坚定拒绝
3. 不接受可疑零食并离开现场
4. 告诉师长、请求协助
5. 培养健康的兴趣爱好（如运动、绘画、歌舞等）

家庭关怀　　　　学校协助

社会资源

第一节 加强防范，提高警惕

毒品可能伪装成外表讨喜的糖果、巧克力等零食，或是伪装成咖啡包、茶包、奶茶包，外观迷惑性极强。

毒品藏在哪里？

不接受陌生人提供的酒水饮料、糖果等，这些物品一旦离开过视线，就不要继续食用。

面对朋友的怂恿，同伴施压要求使用烟、酒、槟榔、毒品及特殊糖果、饮品等时，可使用直接拒绝、找寻借口、速离现场、转移话题、自我解嘲等方式，语气委婉、态度坚定地予以拒绝。

远离是非场所，如酒吧、夜总会、陌生人聚会场所等。同时，还要提高警觉，不轻易接受陌生人的饮料及烟草，

远离是非场所！

提高警觉，不随意接受陌生人的饮料、食物！

如发现有异常，应把握时间尽快离开现场，并向可靠的人求助并报警！

特别要小心朋友的朋友！切勿掉以轻心！

对来路不明的物品，如特殊的糖果、咖啡包，切勿轻易尝试！

留意食物包装，避免落入陷阱！

禁毒科普 避免新型毒品危害有方法！

适时宣泄情绪放松身心

勇敢面对压力寻求支持

与他人分享心事以同理心关切他人

禁毒科普 做自己的主人！不要让毒品掌控你的人生！

更不可让已开封的饮料离开视线；特别要小心朋友的朋友，即使是熟识的也不可掉以轻心。

当出现头晕、恶心、呕吐、视力模糊、视物扭曲、全身瘫软无力、无法控制的过度活动、莫名焦虑、妄想、幻觉等状况时，应采取下列处理方式：①把握时间，快速离开现场；②向可靠的人求助；③拨打110报警。

1分钟学会如何防毒拒毒

听一听

第二节 拒毒锦囊："八不"

如果有人引诱你吸毒，请你跟我这样做……

拒毒五招教你拒绝"新型毒品滥用"！
别因一时好奇，而造成一辈子无法挽回的遗憾。

一、情境或困难

（1）父母的责骂。"我的父母和我的关系并不好，他们经常指责我比其他孩子差，也不相信我，认为我会变得更坏，所以我会当着他们的面吸毒，让他们生气。"

（2）单亲家庭。"爸妈离异，我好难过。他们还没离

82

婚的时候，就一直在吵架。如今他们已经离婚，不再吵架了，可我的心情变得更糟糕了，我感觉自己很寂寞，没有一个人关心我，也没有一个人爱我，我唯一能做的就是嗑药。"

（3）亲人过世。"突如其来的双亲离世，让我有一种天崩地裂的感觉，这可如何是好？有没有人可以帮助我？吃了药，我会好受一点的。"

（4）友人介绍。"看在友情的份上，如果我拒绝了一个朋友送来的毒品，那就太没兄弟情谊了。如果我不接受，那我们就不是朋友了。"

（5）常被霸凌。"为什么总是被人欺负，天天提心吊胆地过日子。我只是吃了药，好让自己舒服一些。"

（6）罹患疾病。"你根本无法想象我的病痛是多么折磨人、让我无法忍受。我嗑药是为了减轻痛苦。"

（7）精神抑郁。"你无法想象，我的人生是多么的艰难，多么的痛苦。"

二、拒绝的做法

（一）坚持拒绝法

A：来吧，一起嗨！反正都不是学习的料，跟着我们一

样有吃有喝。

我：不，普法课教过我们，不能做违法的事情。这东西，我真的不想吸！

（二）告知理由法

B：你我都是没有妈妈的孩子，大人天天吵架，烦死了，来支"香草烟"，我们就没烦恼了。

我：吸毒是违法的事，你不要害我。我爸妈虽然分开了，但一样对我管教很严。

（三）自我解嘲法

C：我看你不敢试啊。来，老弟，就一口，就能让你飞起来。

我：没办法，我真的很胆小，我不敢吸啦！

（四）借故离开现场法

D：歌点上，酒满上，今夜不 high 不归啊，把壶摆出来，让我们一起溜起来！

我：时间太晚了，我必须要回家，我先走了！另外，我还觉得身体不舒服，先回家休息了！

（五）友谊劝服法

E：咱们认识这么久，我有没有骗过你，吃了这一颗，保准让你嗨翻天。

我：我们是好朋友，不要吸啦！这对身体不好，好朋友一场，你我最好都不要尝试吧！

（六）转移话题法

F：没有试过这药的，一人一颗，都别浪费，待会一起嗨。

我：你看，这个点心很好吃喔！你也试试看！你看我手机里的我家猫咪的照片，超萌的，看看呗！

面对毒品诱惑 防御技八招！

1·坚持拒绝法
不行，我真的不想吸！

2·告知理由法
吸毒会被拘留，我不要！

3·自我解嘲法
不要啦，我不敢！

4·远离现场法
我妈找我，先走啦！

5·友谊劝服法
吸毒很可怕，你不要试！

6·转移话题法
走啦，踢球啦！

7·反说服法
毒品很危险，不要轻易尝试！

8·反激将法
你说我没种，我也不去试！

（七）反说服法

G：这玩意和白粉不一样，没啥瘾，不吸也不会想要，真的，这是忘记烦恼的神药。

我：不可能，是毒品就会上瘾的，而且很难戒除，你看昨天新闻报道那个吸毒者下场多惨，所以你也不要吸啦！

（八）反激将法

H：来，我看你一天天都病恹恹的，是不是身体不好？吃了我这个药，保准哪儿都不痛，健步如飞，不信就试试，敢吗？

我：如果因为你们说我没胆量，我就吃，那我就真的太没主见了！我还是去医院看医生吧。

三、小练习："拒绝达人我来当"情境练习

友人：我这刚好有一批带劲的便宜货，需要就联系我。（指吸毒）

我：不用，我不需要。

友人：今晚，咱在网吧通宵，一起去吸一口？（指吸毒）

我：没空，要和爸妈一起回家。

友人：来一口，别想那么多，算我请你啦！（指吸毒）

我：算了，没时间，我还有事儿要处理。

友人：别扫兴，大家一起分享，一起吸。（指吸毒）

我：不，我已经决定，再不碰这些了。

友人：最后一次，完事后咱一起戒。（指吸毒）

我：不，你别自欺欺人了。

友人：没有那么容易上瘾，而且很容易戒掉，试试看！
（指吸毒）

我：不可能，禁毒科普教育和新闻早就报道过毒品不
能碰。

友人：你不和我一起吸，就是看不起我，不把我当兄
弟。（指吸毒）

我：好，不当就不当。

AI 禁毒科普：
毒品的危害和预防

第三节 出行牢记："五不"

不要让自己成为
跨境毒品走私的工具

✕ 不贪心，以免惹祸上身
✕ 不接受陌生人招待
✕ 不帮助陌生人拿行李
✕ 不帮助陌生人夹带物品
✕ 不让陌生人拿自己行李

出入境人员不要试图携带、夹藏走私毒品入境，一经查获将要承担相应的法律责任，受到法律惩处。

尤其需要注意的是，出入境时不要为陌生人携带行李物品或代收邮包，不要轻易替他人携带超重物品、代收包裹，不为他人保管、投递、买卖不明物品，保持高度警觉，提高防范意识，以免被贩毒集团利用，沦为毒品走私贩的工具。

第四节 巧识瘾君子的特征

一、作息改变

作息规律改变，经常晚睡甚至不睡、彻夜不归、日夜颠倒、连续睡两三天。

二、情绪不稳

情绪起伏大、易怒多疑、异常兴奋、颓丧无力、精神状态不佳。

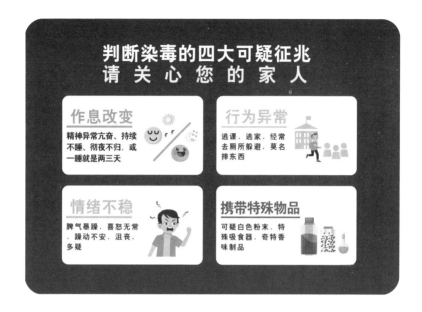

三、行为异常

行为冲动，莫名摔掷东西，脏话、诳语连篇，无故旷工、旷课，有勒索或霸凌行为。

四、携带特殊物品

常携带可疑粉末、吸食器、夹链袋（密封袋）等物品。

一、"毒爱"的表现

在性行为过程中使用毒品，提升快感的行为被称为"毒爱"，常见于网络交友、派对活动等情境。

"毒爱"使用的主要毒品为非鸦片类成瘾性毒品（如甲基安非他明、K粉、摇头丸、大麻等），国内常使用的毒品为甲基安非他明。如果同时使用"毒品+酒精"，可能会有致命危险。常以吸食或注射等方式使用毒品。使用毒品后出现自制力降低、感官增强、渴望性爱等感受，容易影响认知思考与判断力，继而发生未有保护措施的性行为。

危险警告：因不安全性行为频次增加，从而大幅增加感染艾滋病、梅毒或淋病等性传染病的风险。

二、远离艾滋病，拒绝"毒爱"

对于吸毒者应进行必要的艾滋病筛检：①有采取保护措施性行为者，至少进行1次筛检。②有无套性行为者，

每年至少进行 1 次筛检。③若有感染风险行为（如与人共用针具、有多重性伴侣并使用毒品、患有感染性疾病等），建议每 3～6 个月筛检 1 次。

三、避免风险行为

如何避免风险行为？应做到以下几点：①拒绝使用毒品。②避免共用针具（包含针头、稀释液、容器）。③避免多重性伴侣或与陌生人发生性行为（尤其要小心网络交友）。

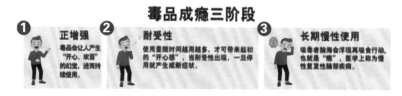

2 分钟认识吸毒是
传播艾滋病的温床

听一听

第四章

Chapter 4

禁毒资源

第一节 咨询服务

一、青少年心理咨询和法律援助热线电话：12355

"12355"青少年服务台是共青团中央设立的青少年心理咨询和法律援助热线电话，由各级共青团组织建设和维护。组建心理辅导、法律援助、家庭教育、青春期教育等专家团队，做好在线解答和咨询，利用12355工作站、社区"青年之家""青年爱里"等门店，接待来访和开展线下辅导。

为吸毒者本人或家属提供咨询服务，包含戒瘾治疗、艾滋病筛检、心理辅导、医疗咨询、法律咨询、社会帮扶、职业训练与就业协助、就学辅导、戒毒机构及其他相关咨询。

二、北京一线希望服务平台

北京一线希望服务平台（http://www.626525.com/）成立于 2008 年，其前身是一条咨询热线，由几名戒毒康复人员与其家属创办，服务范围也仅限于药品依赖和药品滥用相关问题的咨询。"一线希望"的名字也是寓意着通过一条电话热线给一个成瘾者及成瘾者的家庭带来一丝的希望之光。"一线希望"致力于关注成瘾问题人群的身心健康、医疗保障、社会服务及法律权益保障等方面的问题，最终达到减低成瘾行为对个人、家庭和社会的危害，为构建和谐社会贡献力量。

平台由来自各个行业的志愿者组成，如社会工作者、心理咨询师、精神科医生、同伴教员（经过专业培训的至少保持操守 2 年的毒品使用者）、律师及志愿者。平台曾在 2015 年获得了团中央第二届中国青年志愿服务大赛银奖。

三、上海市自强社会服务总社 24 小时戒毒咨询热线

4000-870-626（24 小时）

021-64714626（9:00—17:00 工作日）

2003 年由上海市委、政法委牵头，通过组建三家社会组织的方式，分别为药品滥用人员、社区矫正人员和失学、失业、失管社区青少年提供社会工作服务。

用社会工作的专业方法和充分的同理心为社区戒毒人员及其家属提供免费的戒毒康复服务、心理支持和防复吸指导，并协助他们获取正规有效的戒毒康复资源，以建构社会支持网络，更好地适应社会生活。

"24 小时戒毒咨询热线"服务内容：对吸毒人员的生活状况进行风险评估、对吸毒人员的社会需求进行资源链接、开展戒毒康复个别辅导、对家庭后续照管进行指导、对有关吸毒困扰问题进行解答、对禁毒政策类问题进行解答、为来电求助人员提供心理辅导和进行必要的心理危机干预。

四、广州"禁毒热线"

广州"禁毒热线"是广州市禁毒委员会整合全市各级

禁毒办、社区戒毒社区康复工作站、社工组织及医疗机构等资源开通的全国首条官方禁毒工作服务热线。采用统一服务号码"020-86817817"接入，内设专线6条，同时还将配套开发线上咨询平台，服务范围涵盖戒毒、心理、精神、帮扶、救助、教育、预防、社戒社康等与禁毒工作相关的热线服务。

热线服务团队由具有多年服务经验的禁毒办工作人员、禁毒专职人员、禁毒专业社工、心理科专家、精神科专家、戒毒专家等人员组成。

第二节　虚拟展馆

一、中国禁毒展览馆

中国禁毒展览馆，是由国家禁毒委员会办公室与中国禁毒基金会主办，北京市禁毒委员会办公室协办，全国 30 余

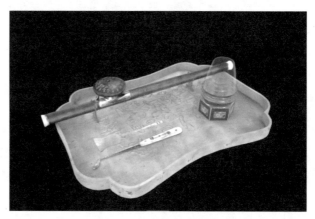

吸食鸦片工具

个省市禁毒办参与、北京市禁毒教育基地设计制作的，具备独立域名的交互式多媒体、多功能大型网上数字展览馆。

二、鸦片战争博物馆

鸦片战争博物馆又名虎门林则徐纪念馆、海战博物馆，坐落于广东省东莞市虎门镇解放路 88 号，是纪念性和遗址性相结合的专题博物馆，管理面积 80 万平方米。鸦片战争博物馆始建于 1957 年；1958 年 1 月 1 日，建成了林则徐公园和林则徐纪念馆，正式对外开放；1985 年，重新定名为"虎门林则徐纪念馆"，又增加馆名"鸦片战争博物馆"；1999 年 12 月，海战博物馆正式对外开放，与鸦片

战争博物馆、虎门林则徐纪念馆合为一个单位。

听一听

2 分钟了解什么是
鸦片战争

三、郑州市禁毒教育基地

郑州市禁毒教育基地建筑面积 1800 平方米，教育基地展示区分为 10 个部分，包括序厅、中华之殇、罪恶之花、毒品之患、毒患之势、禁毒之路、禁毒之光、禁毒风暴、互动展区、弧幕影院。除了传统展板展示，还充分运用现代高科技声光电技术和大数据应用平台，结合实物陈列、影视播映、图片展示、漫画表现、互动参与等，将严肃的禁毒教育主题寓于生动的展示体验之中。

四、浙江省十里坪强制隔离戒毒所戒毒综合治疗馆

浙江省十里坪强制隔离戒毒所戒毒综合治疗馆建成于 2021 年，秉承着科学戒毒的理念，基于整合优势戒毒项目、融合优质资源、孵化科学戒毒新成果的需要，实现了戒毒

技术集约化、流水线式的一体化综合运用。

　　该所与中国科学院心理研究所、浙江大学、上海体育学院、宁波大学等知名科研院校合作，通过建立科研基地、戒毒实验室，引入重大戒毒科研课题等方式搭建"产、学、研、用"戒毒创新平台，先后开发了经颅磁刺激技术、脑机接口防复吸训练系统、tDCS-VR 毒瘾矫治系统等戒毒新技术，基本形成了完备的综合治疗体系。

第三节 数字资源

一、中国禁毒网

　　中国禁毒网是由国家禁毒委员会办公室、中国禁毒基金会和新华网共同承建运行的国内权威的禁毒门户网站，2014 年 6 月 26 日在京正式开通上线，集权威禁毒信息发布、禁毒新闻宣传、毒品预防、政务公开、线上互动、爱心捐赠等功能于一体，是宣传禁毒工作、传播禁毒知识、发动社会公众参与禁毒的重要平台。

国家禁毒门户网站
中国禁毒网
www.nncc626.com

二、中国禁毒微信

中国禁毒微信（微信号：onncc626）是国家禁毒委员会办公室官方微信平台，发布权威禁毒资讯，普及毒品预防知识，提供禁毒专业服务。

三、全国青少年毒品预防教育数字化平台

为深入推进全国青少年毒品预防教育工作，国家禁毒委员会办公室创新"互联网＋禁毒教育"思路，与阿里巴巴集团合作开发建设了具备"教、学、考、评"功能，把宣传教育、课堂教学、评估考核和互动体验融为一体的全国青少年毒品预防教育数字化平台。

第五章

Chapter 5

知识互动

第一节 "对与错"动脑筋

有不少青少年认为偶尔吸毒不会上瘾，且对于药物滥用充满着许多迷思，但真的是这样吗?

迷思一：如果我不吸毒，就会没朋友

错！如果只和吸毒的人做朋友，那就一辈子脱离不了这个群体。朋友之间友谊的稳固并不取决于你一定要和他"同流合污"。青少年要多结识品行良好的朋友，发展持久健康的友谊。

迷思二：只要多喝水、多上厕所就可以把毒品排出体外，无法查验出

错！只要使用过毒品，就一定可以查验出来。凡使用过必留下痕迹，检验方式有若干种，除了尿检之外，在毛发、头皮、脂肪层等处，都会检测出用药痕迹。

迷思三：想要玩得尽兴，还得靠毒品助力

错！不使用毒品一样可以玩得尽兴。吸食毒品后，往往头脑不清醒，常会无法控制自己的行为而做出失控的事，成为别人眼中的笑柄。

迷思四：吸 K 粉没什么大不了，更不会上瘾

错！吸食 K 粉一样会上瘾，而且有别于其他的毒品，其对膀胱的损害不可逆。吸食 K 粉上瘾的人，多半依靠自身戒除，然而有不少人根本戒不掉。

迷思五：吸完毒品再打支排毒针，身体就不会有伤害

排毒针的成分其实就只是综合维生素配比大量的注射液，输入混合液后会导致尿液量增多，但对于体内毒品的排除及逃避尿检，是起不到任何作用的。

第二节 禁毒知识应用宝

一、毒品知识黑白配

根据前面科普的毒品预防知识，请你把恰当的答案选项，分别填入"（ ）"中，从而检验前期的学习效果。

A	大麻	F	戒断现象	K	体温过高、身体脱水
B	成瘾、上瘾	G	"神仙水"（GHB）	L	类大麻活性物质（K2）
C	K 粉	H	动机缺乏症	M	慢性间质性膀胱炎
D	耐受性	I	毒浴盐（MDPV）	N	谐音"不要吸不要吸"
E	摇头丸	J	笑气（N_2O）	O	勿接受陌生人提供的、已开封或离开视线的饮料

（　）1.长期使用大麻的症状有哪些？

（　）2.毒品的用量越来越多，被称为什么？

（　）3.吸食 K 粉，容易造成哪些危害？

（　）4.长期使用何种毒品容易造成血尿、尿频，严重者需要实施膀胱重建手术？

（　）5.何种毒品外形类似干燥花草，掺入茶叶等饮品内饮用，会造成身体丧失协调性，最终造成昏迷？

（　）6.不法分子利用哪一种掺入饮料中的毒品，迷昏他人后，行不轨之事？

（　）7.广州"禁毒热线"020-86817817 的谐音是什么？

（　）8.当吸毒者无毒可吸时，身体出现不舒服的症状，被称为什么？

（　）9.对毒品产生心理及生理依赖的状况是什么？

（　）10.长期使用哪种毒品会出现幻觉，使得记忆力、智力减退？

（　）11.在娱乐场所要留意什么？

（　）12.何种新型毒品会让吸食者产生恐慌、焦虑、妄想、攻击性等行为？

（　）13.聚会时，有人在"吹气球"，气球内是什么物质？

（　）14. 吸食摇头丸会产生什么反应？

（　）15. 吸食何种毒品会产生幻觉并失去方向感？

答案

1.	H	6.	G	11.	O
2.	D	7.	N	12.	I
3.	M	8.	F	13.	J
4.	C	9.	B	14.	K
5.	L	10.	E	15.	A

二、拯救迷途的羔羊

假如有人不慎在"毒海"迷途，你作为具备毒品预防知识的青少年，如何利用你的所学帮助他脱离困境？

为解救迷途的羔羊，请尝试通过回答图中问题，帮助他摆脱"毒海"迷宫的束缚。

三、药品成瘾怎么治

染上毒瘾，是否有办法挽救取决于用药的时间和毒品累积的剂量。因此，越早停止吸毒、越早接受治疗才是关键。

根据美国国家药物滥用研究所的研究得知，使用甲基安非他明成瘾的病患，即便有脑部损伤，在停药 1 个月后，大脑状况还是得到了改善；停药 14 个月之后，更有可能逐

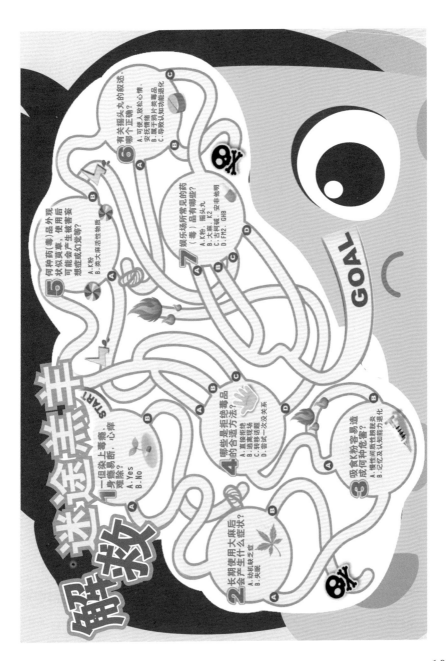

渐恢复正常。不过，这样的结果有个前提，有些人体质较好，可以较快恢复；而有些人先天体质不佳，仍有可能产生中长期的后遗症。

这并非绝症，目前治疗效果较佳的案例大多有较强的家庭力量支持，只要家人愿意多花时间与心思陪伴孩子，那么年纪越小的孩子，越容易回到正轨。

2 分钟了解如何
帮助吸毒者戒毒

听一听

四、"以身试毒"后该怎么办

第一步：立即就医

当吸毒者因为戒断症状，感到极度不舒服时，可以前往戒毒康复场所就医，以减缓身体不适。

第二步：接受替代治疗

这是一种针对鸦片类成瘾者的治疗方式，可以减低对毒品的渴求。如果使用非鸦片类毒品，则不需要接受替代治疗。

第三步：重建心理健康

医师会为吸毒者安排各种心理治疗，目的在于了解其过去的吸毒行为，进而预防复发，增强心理调节适应能力，自我管理，重建自信。

第四步：回归正常生活

回归原本的生活，重新就业、回归校园，开始与家人、朋友建立正常的关系。

第三节 与毒品相关的政策法规

一、开展毒品预防教育的法律依据

《中华人民共和国禁毒法》（以下简称《禁毒法》）是为了预防和惩治毒品违法犯罪行为，保护公民身心健康，维护社会秩序而制定的。

《禁毒法》规定，国家采取各种形式开展全民禁毒宣传教育，普及毒品预防知识，增强公民的禁毒意识，提高公民自觉抵制毒品的能力。国家鼓励公民、组织开展公益性的禁毒宣传活动。

3分钟学习中国共产党领导的禁毒斗争

听一听

二、涉及毒品违法犯罪的法律法规

《禁毒法》第五十九条规定："有下列行为之一，

构成犯罪的，依法追究刑事责任；尚不构成犯罪的，依法给予治安管理处罚：（一）走私、贩卖、运输、制造毒品的；（二）非法持有毒品的；（三）非法种植毒品原植物的；（四）非法买卖、运输、携带、持有未经灭活的毒品原植物种子或者幼苗的；（五）非法传授麻醉药品、精神药品或者易制毒化学品制造方法的；（六）强迫、引诱、教唆、欺骗他人吸食、注射毒品的；（七）向他人提供毒品的。"

《禁毒法》第六十条规定："有下列行为之一，构成犯罪的，依法追究刑事责任；尚不构成犯罪的，依法给予治安管理处罚：（一）包庇走私、贩卖、运输、制造毒品的犯罪分子，以及为犯罪分子窝藏、转移、隐瞒毒品或者犯罪所得财物的；（二）在公安机关查处毒品违法犯罪活动时为违法犯罪行为人通风报信的；（三）阻碍依法进行毒品检查的；（四）隐藏、转移、变卖或者损毁司法机关、行政执法机关依法扣押、查封、冻结的涉及毒品违法犯罪活动的财物的。"

《禁毒法》第六十一条规定："容留他人吸食、注射毒品或者介绍买卖毒品，构成犯罪的，依法追究刑事责任；

尚不构成犯罪的，由公安机关处十日以上十五日以下拘留，可以并处三千元以下罚款；情节较轻的，处五日以下拘留或者五百元以下罚款。"

《禁毒法》第六十二条规定："吸食、注射毒品的，依法给予治安管理处罚。吸毒人员主动到公安机关登记或者到有资质的医疗机构接受戒毒治疗的，不予处罚。"

三、涉及戒毒康复的法律规定

《禁毒法》第六十六条规定："未经批准，擅自从事戒毒治疗业务的，由卫生行政部门责令停止违法业务活动，没收违法所得和使用的药品、医疗器械等物品；构成犯罪的，依法追究刑事责任。"

《禁毒法》第六十九条规定："公安机关、司法行政部门或者其他有关主管部门的工作人员在禁毒工作中有下列行为之一，构成犯罪的，依法追究刑事责任；尚不构成犯罪的，依法给予处分：（一）包庇、纵容毒品违法犯罪人员的；（二）对戒毒人员有体罚、虐待、侮辱等行为的；（三）挪用、截留、克扣禁毒经费的；（四）擅自处分查获的毒品和扣押、查封、冻结的涉及毒品违法犯罪活动的财物的。"

《禁毒法》第七十条规定："有关单位及其工作人员在入学、就业、享受社会保障等方面歧视戒毒人员的，由教育行政部门、劳动行政部门责令改正；给当事人造成损失的，依法承担赔偿责任。"

涉及毒品违法犯罪的法规有哪些?

四、涉及未成年人吸毒成瘾的法律规定

《禁毒法》第十八条规定："未成年人的父母或者其他监护人应当对未成年人进行毒品危害的教育，防止其吸食、注射毒品或者进行其他毒品违法犯罪活动。"第三十九条规定："不满十六周岁的未成年人吸毒成瘾的，可以不适用强制隔离戒毒。"为有利于未成年人健康成长，公安机关办案部门查获不满十六周岁的吸毒人员，确认其吸毒成瘾严重的，应当对其所在学校、监护人履行监护管理职责以及有

无既往违法犯罪经历等情况进行调查，对学业正常或者监护人监护到位的，应当报县级以上公安机关作出社区戒毒的决定，并且责令监护人将其接回严加管教；对失学超过一年且监护人拒不履行监护职责，或者有违法犯罪经历的，应当报县级以上公安机关作出强制隔离戒毒的决定。强制隔离戒毒所收戒不满十六周岁的被强制隔离戒毒人员后，发现其学业正常或者监护人监护到位，应当向原决定机关提出变更为社区戒毒的意见，原决定机关应当在七日内作出是否批准的决定。各省、自治区、直辖市应当指定强制隔离戒毒所集中收戒不满十六周岁的被强制隔离戒毒人员。被指定的强制隔离戒毒所应当根据未成年人的生理、心理特点，采取相应的管理和教育方式，提供必要的生活卫生保障，切实帮助未成年被强制隔离戒毒人员戒除毒瘾、回归社会。[①]

五、常见吸毒成瘾的康复方案

（一）居家戒毒

居家戒毒是最常见，也是家属最容易接受的一种戒毒方式。这种戒毒方式对于偶尔吸食毒品，且有主动戒毒意

---

① 参见公安部《关于未满十六周岁人员强制隔离戒毒问题的批复》（公复字〔2014〕1 号）。

愿的人来说有一定的效果。但是对于重度成瘾者来说，会适得其反，甚至还有可能危及生命。

（二）强制隔离戒毒

强制隔离戒毒所又称强戒所，依据《中华人民共和国禁毒法》和《中华人民共和国治安处罚法》规定：初次吸毒人员，予以治安拘留处罚，对吸毒成瘾者予以强制戒毒2年。这种戒毒方式一般是因屡次吸毒被抓后，公安机关对其进行的强制戒毒措施，其主要方式是将吸毒人员与毒品强制隔离，避免吸毒人员在一段时间内再次接触毒品。由于在强制隔离戒毒所必须实名登记，在个人档案里将留下吸毒记录，所以不到万不得已的情况，大多数吸毒者不会自行选择去强制隔离戒毒所。

未成年人强制隔离戒毒所主要负责依法收治、管理、教育矫治未成年强制隔离戒毒人员，组织习艺劳动生产和职业培训，负责本所未成年强制隔离戒毒人员的生活卫生管理和疾病预防、治疗及心理矫治工作。

优势：可基本压制甚至消除体瘾，吸毒人员在出所后，体瘾基本得到控制，精神状态也可能会在一段时间内相对正常。

缺点：受人力、物力所限，对于心瘾缺乏专业治疗手段（尤其是心理治疗），因此，吸毒人员在停止强制戒毒

后，短则一至几个月，长则半年到一年，其精神上的症状极大可能仍将爆发甚至复吸。

（三）社区戒毒

社区戒毒（康复）就是指吸毒人员在社区的牵头、监管下，整合家庭、社区、公安以及卫生、民政等力量，使吸毒人员在社区里实现戒毒。

优点：整合社会的力量对吸毒人员加强监管，迫使吸毒人员不再接触毒品，对经过专业戒毒治疗后的吸毒人员的后期康复有较大的帮助。

缺点：缺乏专业治疗手段，对损坏的身体机能及受破坏的神经系统无法修复，对毒瘾（尤其是心瘾）无法消除。

（四）自愿戒毒医院

自愿戒毒医院是在医学治疗的基础上成立的，将吸毒者视为患者，通过系统化、专业性的医疗手段和心理干预治疗方式，帮助其摆脱对毒品的依赖。

针对吸毒人员的常见戒断方法有哪些？

第六章

Chapter 6

禁毒故事与反思

第一节 误入歧途

"我就玩一次，一次是没事的。"可就是这自以为是的一次，付出了昂贵的人生代价。看似微不足道的一次，人生便无法回到从前。

一、好奇一下　坠入毒窟

小春相貌出众、亭亭玉立。由于她的父母经商，家庭经济宽裕，加上父母生意繁忙，陪伴女儿的时间少之又少，为了弥补对女儿情感上的亏欠，父母对女儿小春一直都是"富养"，对她百依百顺，因而骄纵任性的小春养成了不受管束、花钱大手大脚、不愿吃苦的坏习惯。

在校期间，小春就结识了许多社会闲散青年，导致其身染恶习，无心学习。在生活中，她经常出入娱乐场所，在 KTV 的某次聚会中，一位"朋友"邀请小春尝试吸食大麻，并声称大麻在国外是合法的软性毒品，不会上瘾，不受管控，而且很多有身份、有地位的人都吸大麻，这是有钱人玩的"时尚"。小春在他人言语的煽动下，看到身边众人吸食大麻都是一脸沉醉，十分心动，于是按捺不住蠢蠢欲动的好奇心，第一次尝试了吸食大麻。

在大麻的毒性作用下，小春感觉在节奏强劲的音乐和炫酷动感的射灯中情绪亢奋，能马上进入疯狂状态，让人特别放得开，玩得很尽兴。此后，小春每隔一段时间就会吸食一次大麻。开始时，每次用量并不大。但渐渐地，原来的吸食量已经不能让小春感到兴奋，她吸食的次数越来越频繁，每次的用量也逐渐增大。这些成瘾表现，尽管小春是有所觉察的，可是她依旧觉得自己是能控制的。

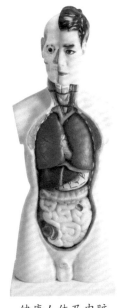

健康人体及内脏　　　　　吸毒后病变的人体及内脏

【良言与反思】

《2021 年中国毒情形势报告》指出："在现有吸毒人员中，滥用海洛因的有 55.6 万名、冰毒有 79.3 万名、氯胺酮有 3.7 万名、大麻有 1.8 万名。北美地区的大麻向我国输入量大幅增加。全年缴获境外大麻 308.9 公斤，同比上升 4.5 倍，主要来自北美地区，多通过国际邮包，量少、次多、分散入境，涉及我国 23 个省份。"

目前，一些国家将大麻"合法化"，加剧了大麻在全球的蔓延，也使大众在心理上放松了对大麻的警惕。毋庸置疑，大麻在《中华人民共和国禁毒法》中被列为严格管制麻醉药品，简而言之就是毒品。只要是被管控的药物就是毒品，毒品没有"软"和"硬"之分，长期滥用大麻会改变人体大脑的奖赏机制，形成对药物的依赖性，并对

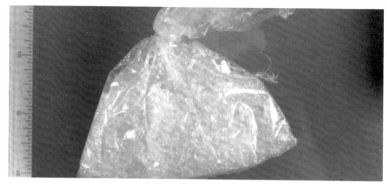

结晶体冰毒

精神系统造成严重损伤。所以，有人对你说"大麻不会上瘾"，那绝对是居心叵测，而且大麻又有一个外号叫作"入门毒品"，吸食大麻的人因长期与人员复杂的"毒友圈"接触，极易沾染其他类型毒品。在毒品的世界里没有"浅尝辄止"这个词，这也正是毒品的可怕所在。青少年千万不要对自己的意志力过分自信，在了解毒品的成瘾机制后，你就会知道，毒瘾是一种顽固且易复发的脑部疾病，单凭意志力是无法抵抗毒品的诱惑的。

二、迷途不返 深陷毒窟

随后，小春又认识了更多"同道中人"，开始接触到更多新奇的东西，她对其他类型的毒品也产生了浓厚的兴趣。为了寻求更强烈的欣快感，她开始了疯狂的尝试。她发现有一种边缘有锯齿状形似邮票的新精神活性物质——"小邮票"，只要含在嘴里，就能产生强烈的幻觉。在幻觉的世界中，小春闭着双眼也能看到各种景象，有身临其境之感，有时她能感受到自己乘着飞船在星光灿烂的宇宙中光速般地飞驰，甚至能"清醒"地感觉躯体正一片一片慢慢地解体，化作虚无。但更多的时候，小春看到的是类似惊悚电影里的故事画面，而且代入感极强，每次她都在

极度的惊恐中做出许多失去理智的行为。

　　渐渐地，小春发现即使在没有含服"邮票"的时候，眼前也会出现各种各样的幻觉，思维严重混乱，甚至出现了被迫害妄想症，记忆力也严重下降，对于刚刚发生的事情转身就会忘得一干二净。最惊险的一次是，小春出现被妖魔鬼怪追赶的幻觉，她歇斯底里地哭喊大叫，甚至无视高空危险爬到空调外机上躲藏，差点出意外。这一事件后小春再也不敢碰"邮票"了，她不敢想象再这样下去，自己会不会变成一个彻彻底底的疯子。但是不久，她又在朋友的鼓动下开始吸食冰毒。

　　【良言与反思】

　　以上案例中出现的"邮票"，其实是一种新型毒品，名为 LSD，本身无味无色，放入食物饮料中，口服时分辨不出异味。它是一种半人工致幻剂，是迄今发现药效最强的精神药品。为了能吸引青少年，毒贩们绞尽脑汁把"邮票"设计成各种各样的图案，有抽象艺术、动画图片、文身花纹等，这与邮票风格非常相似。服用 LSD 后出现的幻觉并不都是温和的，更多的是受到心理暗示影响，产生各种恐怖幻觉。由于分不清现实与幻觉，服用者很容易产生意外，经常有人在迷幻状态下跳楼自杀。

《2018 年中国毒品形势报告》指出："新型毒品以青少年在娱乐场所滥用为主，全年新发现新精神活性物质 31 种，新精神活性物质快速发展蔓延是目前全球面临的突出问题。"

面对变化无穷的新型毒品，追求时尚新奇的青少年极易成为毒贩们的猎物，如何帮助我们的青少年擦亮一双明亮的慧眼呢？请青少年们一定要记住"好奇害死猫"的道理，对于一切新奇又未知的事物，谨慎地控制自己的好奇心，不要着急做"第一个吃螃蟹的人"。此外，不要出入复杂场所，如 KTV、酒吧等，交友应该加倍谨慎。

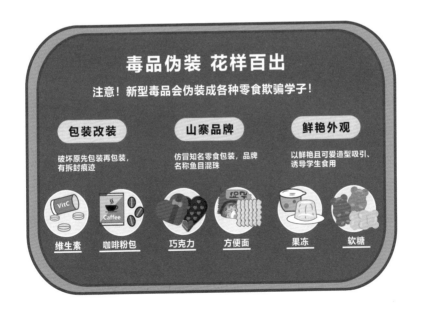

三、毒海沉沦　万劫不复

长期吸毒使小春的容貌发生了巨大变化。本是花样年华的小春面容枯槁，脸上长出脓疮，头发稀疏，口腔也溃烂。在毒品产生的短暂欣快感褪去后，她依然几天几夜无法入眠，不饮不食，有时甚至麻木、机械、不停歇地重复做一件事情，仿佛一个飘荡在人间毫无意识的鬼魂。小春身体的变化和行为的异常举动引起了父母的警觉，在反复地追问下，他们终于发现了女儿吸毒的秘密。痛心疾首的父母把小春送到外地进行戒毒康复，三个月后小春康复归来，但她很快又和以前的"朋友"厮混在一起，没多久就复吸了。

后来，父母无心经营生意，导致生意一落千丈。看到女儿嗜毒如命，冥顽不化，令自己颜面扫地，恼羞成怒的父亲竟然将一腔怒火发泄在了小春母亲身上，埋怨并责怪她对女儿教育失责，还对其大打出手。曾经温馨和睦的家庭，因为一次又一次剧烈的争吵支离破碎。母亲因小春沉溺毒品，丈夫离家不归终日以泪洗面，患上了严重的抑郁症，甚至出现轻生的举动。即使母亲精神状况如此，依旧没能唤回小春对亲情的眷顾之心。父母对小春无可奈何，失望至极，切断了小春的经济来源。负气之下，小春离家出走，投靠毒友，一时间音信全无。

此时的小春，为了继续获取毒品，将尊严、道德、法律全部都抛诸脑后，在朋友的撺掇下，她成为一名"陪溜妹"。"陪溜"，其实就是一种新兴的色情职业，女性陪同客人吸食冰毒，并提供色情服务。几个月后，在一次扫黄行动中，小春被公安机关逮捕。在小春的毒品尿检呈阳性的同时，还在其血液检测中发现 HIV 抗体呈阳性。在得知自己感染了艾滋病后，小春再也控制不住自己的情绪，抱头失声痛哭，悔恨不已。

2分钟了解吸毒之后如何自救

听一听

【良言与反思】

父母的关爱对防止青少年走上吸毒之路有十分关键的作用。青少年的健康成长，需要父母提供一个温暖安全的家庭环境，帮助他们从小塑造健全的人格，树立正确的价值观和是非观念，关注他们的心理发展、情绪变化，了解他们的日常生活和交友情况，在有不良问题苗头出现时及时进行干预，陪伴他们健康成长。

　　有数据统计显示，在 15 至 24 岁群体中，通过性传播感染艾滋病的占 96%，而毒品就是艾滋病传播的温床。区别于传统毒品，不少新型毒品对中枢神经有兴奋和致幻作用，如吸食冰毒、K 粉后会增强人的性欲，加上新型毒品一般都是群体聚集吸食，极易发生集体淫乱行为；不少女性吸毒者，为了获取毒资，又往往会采取"以卖养吸"的方式，这些行为都会增加艾滋病的传播风险。预防艾滋病，其中很重要的一点就是远离毒品。

　　生命是一趟单向的旅程，没有重启键，没有回头路，支离破碎的家庭、黯然失色的花季、走向枯萎的生命，毒品对美好事物的摧残都是不可逆的。在小春的故事里，我们可以清楚地看到，选择毒品就注定与亲人反目，与道德相悖，与魔鬼为伍，将会踏上一条万劫不复的不归路。再次劝告祖国的花朵们，毒品猛于虎，莫与毒为伍！

第二节　涅槃重生

　　第一次接触毒品的时候，小娟只有 13 岁。年幼无知的她并不知道"溜冰"意味着吸毒，也预想不到眼下看似"时尚"的体验，将如何改写她的人生轨迹和被毒魔吞噬的豆蔻年华，脱轨的青春又该如何回到正途？

一、毒噬童年　脱轨正途

小娟出生在贵州省一个并不富裕的农村家庭，为了生计，父母常年都在广东打工，年幼的她从小寄养在外婆家中。为了节省电话费，父母很少打电话回来询问她的生活、学习情况，虽然有时会给她寄回衣物、玩具，但是长时间缺少陪伴，还是让她与父母之间缺乏情感交流。2010 年，小娟的弟弟降生了，全家喜出望外，围绕着弟弟忙前忙后。弟弟的到来，让小娟感受到了父母的冷落，也感受到了自己与弟弟的男女有别。她认为父母的爱都被弟弟夺走了，心中委屈，便捉弄幼小的、毫无反抗之力的弟弟，有时把毛毛虫偷偷放进弟弟的衣领，有时故意抢走弟弟心爱的玩具。看到弟弟号啕大哭，她就会为自己的得逞沾沾自喜。虽然每次这样做都会招来父母的打骂，但她依然乐此不疲。"不见棺材不落泪"，父母经常这样骂小娟，叛逆的小娟不以为意，觉得父母对她的言语每每都是夹枪带棒，而对弟弟则是百般温柔、千般呵护。小娟觉得自己在父母眼里是如此一文不值，就赌气要让父母骂她的话都坐实，

让他们亲眼看看她是如何"不见棺材不落泪"。

2011 年，当父母再次返回广东务工的时候，他们把弟弟带在了身边，这一区别对待让小娟对父母充满了怨恨，但她并没有把自己的心事向父母言明。父母的"重男轻女"让她伤透了心，也让她和父母的关系越来越疏远。自那以后，父母打来电话的次数变得更少了，偶尔打来也大多是在说一些关于弟弟如何顽皮可爱的事。渐渐地，小娟对父母的电话也不再怀有期待，她和父母之间的疏离感和隔阂越来越深。

2012 年初春，外婆因要照顾生病的外公无暇顾及她，12 岁的小娟便回到家中独自一人生活，只有邻居家的婶婶会偶尔来关照一下她。没有了家长的监管，小娟开始了无拘无束、肆意妄为的生活。特别是上初中以后，她认识了很多有相同遭遇的"朋友"。家里始终冷冷清清，而这些同病相怜的"朋友"却让她感受到了别样的温暖。她开始旷课，并且经常夜不归宿。有一次邻居婶婶发现她已经几天没有上学，马上电话告知其父母。第二天晚上，当小娟喝得酩酊大醉，步履蹒跚地回到家，却意外地见到了已提前到家的暴怒不已的父亲。怒气冲冲的父亲二话不说，抢起棍子雨点般打在她的身上。父女久别重逢，却没想到是以这样的方式。

父亲点燃的烟头里微弱的火光熄灭，房间里只剩小娟断断续续的抽泣声，父亲语重心长地对她说了许多话，可她只听见一个悲伤又愤怒的声音回荡在耳边：离开这里！他们都不爱你，你在这个家里不过是个多余的人！多年以后，小娟常常回想起父亲那夜的话："现在的社会不是你想象中那么简单的，你还小，又是女孩子，在外面是很容易吃亏的。爸爸妈妈就是不想以后你熬得那么辛苦，才这么努力地打工挣钱，想让你过得好一点，让你多读一点书……"如果当时小娟能明白父母的苦心，听进去父亲的劝告，是不是又是另外一番景象？

次日，小娟向朋友借了几百块钱，只身离家投奔已辍学一年多在东莞打工的小学同学。

【良言与反思】

故事中的小娟是一名典型的留守儿童，在缺乏家庭关爱和引导的成长过程中，小娟变得叛逆又敏感，小小年纪就沾染了社会恶习。重男轻女的观念、简单粗暴的教育方式，致使小娟和父母之间始终存在着情感隔阂，影响了小娟心理的健康发展和健全人格，但这一点始终未被父母发现和重视，使得亲情裂痕进一步加深，促成了小娟的叛逆心理。亲情的缺失，导致所谓的"朋友"替代父母成了她

最信赖的人，为她走上吸毒道路埋下了伏笔。每个孩子都是家庭中的一分子，良好的家庭环境对孩子健康成长的重要性不言而喻，父母应多关注孩子的情感需求，与孩子多进行深层次交流，让孩子感受到家庭的安全感和归属感，促进孩子身心的健康成长。

二、暗黑毒夜　惨白花季

　　来到东莞，小娟的同学小美白天去服装店上班，晚上则会带着她流连于酒吧的灯红酒绿中。为了生计，小娟也找了一份在超市收银的工作，谁也不会想到，白天唯唯诺诺、沉默寡言的收银小妹，到晚上摇身一变，成了夜店里的潮流女王。有一天，小美神秘兮兮地把她带去一家酒店房间，里面有两个陌生男人正聚精会神地捣鼓一个矿泉水瓶和几根吸管，神情陶醉得吞云吐雾。那是小娟第一次真真切切地见到冰毒，经不住小美花言巧语的劝说，她也尝试着吸了几口。从那以后，她就落入了毒魔的掌心。

小娟的周围，不乏她的同龄人。他们像一群在黑暗中穿行游荡的鬼魅，从不缺席夜间的聚会狂欢，白天则通通消失不见。这些年轻人有很灵敏的"嗅觉"，总能寻觅到各种新东西，把体验各种新型毒品当作"新潮时尚"，而有"好东西"一定会相互分享，能吹出五彩烟雾的"彩虹烟"、能让人发笑的"笑气"、能让人瞬间 high 起来的"跳跳糖"等等。小娟也接触过几次，却再也不想碰那些东西。"那些东西劲太大，醒来后失忆的感觉可不怎么好……"小娟说。亲眼见过几次毒友出意外后，她也清楚知道"那东西"控制不好量是会出人命的。"毒品掌控了我，而掌握毒品的人也就可以利用毒品控制我的一切行为。"小娟说。从一开始一个月吸食毒品两三次发展到一天两三次，她对毒品越来越依赖。小娟微薄的收入难以支撑她吸毒的开销，为了获得毒品，她只能依附贩毒的男友。她的男友也是一名瘾君子，脾气暴躁、性格冲动，稍不顺心就对她

拳脚相向。某次，男友吸食冰毒产生了严重的幻觉，认为小娟背叛了他，不依不饶地让小娟以自残身体的方式来证明"忠贞"，好在当时有他人在场，小娟才逃过一劫，吓得她魂飞魄散，连续做了几天噩梦。再也无法忍受的小娟想要离开这个随时变身暴徒的男人，可她害怕这个男人真的会暴跳如雷，失去理智做出伤害她的行为。在暴力的威胁下她只能逆来顺受，卑微苟且地生活着。

吸毒后，小娟的身心也发生着一系列的变化，工作不想干了，生活日夜颠倒，脸色暗黄无光，精神萎靡不振，

冰毒吸食工具（冰壶）

没有了属于花季年龄应有的鲜活气息。吸毒时的她精神亢奋，狂躁不安，而毒品作用一旦过去，她就像一具被抽离灵魂的空洞躯体。"吸毒以后我变得特别敏感和多疑，我总觉得有人想迫害我，总有人躲在暗处窥视我，别人谈话我就觉得她们是在议论我……"小娟说。只有 16 岁的小娟也想要改变现在的生活，她常常会想："难道我的一辈子就只能这样了吗？"面对找不到答案的痛苦，她选择一头扎进毒海，麻痹灵魂。

直至 2017 年，17 岁的小娟因吸毒被查获进入了强制隔离戒毒所，她终于走上了戒毒的道路。

2分钟了解"书写疗愈"服务未成年人强制隔离戒毒

听一听

【良言与反思】

吸食毒品和违法犯罪形影不离，吸食毒品本身就是违法行为，而因贩运毒品、获取赌资、吸毒致幻引发的暴力犯罪行为更是屡见不鲜。青少年心智尚未成熟，好奇心重，缺乏辨别能力和是非判断力，需要警惕犯罪分子以毒品、

暴力等手段诱惑、威逼青少年对其言听计从，从事违法犯罪行为，最终酿成大错。

　　吸毒向来是滋生各种违法犯罪行为的温床。走私、贩卖、运输毒品，容留他人吸毒，非法持有毒品，引诱、教唆、欺骗他人吸毒，强迫女性吸毒人员从事情色交易等，皆是吸毒人员容易触犯的犯罪行为，一旦触犯刑法，将受到法律的严厉制裁。

颗粒状麻古

136

三、积极戒毒　修补花季

作为一名未成年戒毒人员，小娟通过戒治适应期考核，来到了未成年戒毒人员集中收治场所。在与小娟的谈话中可以得知，她有强烈的戒毒意愿，只是苦于没有寻找到正确的戒毒方法。她迫切地希望通过两年的强制隔离戒毒能够帮助她找回失去的花季。针对未成年人独特的性格特点、心理特征和青春期烦恼，戒毒所为小娟安排了一对一的心理导师。通过开展心理咨询、参加团体心理辅导、心理健康沙龙、写心情日记等一系列心理康复活动，帮助小娟宣泄心中的不良情绪、矫正错误认知、重新认识自我、接纳自我、培养自信、建立良好人际关系。在她的心情日记里有这样一句话："当我回想起父母对我失望痛恨的表情，那简直让我难以呼吸。"了解到她心中对家庭温暖的渴望，以及对父母不再接纳她的担忧，工作人员通过多次谈话教育，帮助她理解和认识父母养育儿女的不易和教育儿女的良苦用心，并制订了亲情修复计划，鼓励她主动迈出第一步，和家属进行电话联系，在传统节日问候父母；鼓励她动笔写家书，把自己埋藏在心底的话告诉父母，争取获取家人的理解和原谅。

除此之外，戒毒所还为小娟配备了专门的辅导老师，重点对小娟进行文化素养、感恩与孝道、道德法律，以及毒品常识等方面的教育，精心设置作业内容，帮助其对每课的学习内容及时消化和巩固。每一个课程结束后，小娟都顺利通过了学业考核，取得了结业证书。这些课程的学习，帮助她增强了戒毒信心，学习到了毒品危害的知识和有效的拒毒技巧，弥补了文化知识的缺失，去除了曾经的恶习，变得更加乐观自信。青春的朝气又回到了小娟的脸上，曾经枯萎的小花，在雨露的滋润下重新绽放。

干制大麻

【良言与反思】

认知教育在未成年人教育矫治中是非常重要的一环。未成年人正处于生理和心理不断发展成长的重要阶段，可塑性强，他们吸毒主要是由于认知体系的片面性、表面性，以及缺乏价值判断和交友的非理性。因此，让他们深刻地认识到毒品的危害性，建立正确的价值取向，学会理性的思维判断是帮助未成年人彻底与毒品划清界限的关键。

未成年人教育矫治必须遵循未成年人的年龄和性格特点，给予他们足够的情感关怀，建立充足的信任关系，营造一个温馨、其乐融融、青春洋溢的戒治环境。

针对吸毒人员的戒毒措施有哪些？

四、冰释前嫌　寻回亲情

家书跨越万水千山，寄达了小娟父母手上，这一天，他们终于得知了女儿的下落。薄薄的信纸，捧在手上仿佛有千斤重。几天以后，小娟的父母赶到了强制隔离戒毒所。隔着探访室的玻璃，他们见到了阔别近五年的女儿。父母没有疾言厉色，没有丝毫责备，看着多年未见的女儿，一度哽咽的父母只是不停地问她，"在这里过得好不好？" "吃得好不好？" "身体怎么样？"曾经伟岸如山的父亲，腰背已显佝偻，发间藏不住白发。父亲的衰老让小娟压抑已久的情感瞬间决堤。本以为父亲对她恨之入骨，却未曾想

父亲的声音是那样温和、那样恳切，"一时的失足不可怕，可怕的是没有勇气面对自己的错。孩子，回去我们一起生活……"得知这几年父母从未放弃过找寻她，她流下了悔恨的泪水，小娟终于对父母敞开心扉，误会和怨恨在这一刻烟消云散。

在亲情的感召和工作人员的谆谆教导下，小娟逐渐走出迷茫无助、走出懵懂无知，重塑对生活的希望，在康复训练、习艺劳动、教育学习等方面都表现得非常积极，成绩也很突出。2018 年 2 月，小娟年满 18 岁，为了让她感受迈入人生新阶段的重要意义，体会自我的成长和蜕变，戒毒所为其准备了意义非凡的成人礼。在成人礼上，小娟向全体观礼的工作人员和戒毒人员说出了自己的愿望："我要彻底告别毒品，彻底摆脱过去那个幼稚的自己，即将到来的 18 岁，我要对自己的人生负责，我希望社会能够重新

香草烟外包装

接纳我，父母可以重新拥抱我。"

【良言与反思】

多年的社会生活磨难，让小娟看清了吸毒者两面三刀、口蜜腹剑的丑陋嘴脸。离家的日子，让小娟对亲情的渴望和依赖与日俱增，也终于体会父母的良苦用心。亲情是无法割舍的人间至情，是戒毒人员的信心来源和精神支持。要充分发挥亲情在戒毒矫治中的作用，以家庭的关心和包容呼唤戒毒人员早日摆脱毒魔，早日回头。帮助未成年戒毒人员与家庭重新建立起良好的情感互动模式，重建情感纽带，建立情感信任，取得其家人的接纳与支持，将给予戒毒人员在戒毒道路上持续不断的动力。

参考文献

[1] 王锐园.反思毒品预防教育：基于药物滥用预防体系的构建 [J].中国药物依赖性杂志，2021，30（2）：106-111.

[2] 王宁，赵宇峰.我国青少年毒品预防教育存在的问题及对策建议 [J].行政与法，2019（4）：123-129.

[3] 唐浩，周相全，魏菀.辽宁省普通院校与艺术院校毒品预防教育现状及需求分析 [J].中国药物依赖性杂志，2018，27（6）：444-449.

[4] 雷海波.青少年毒品预防教育的创新发展 [J].中国青年社会科学，2018，37（5）：107-112.

[5] 王雪，陈帅锋.青少年毒品预防教育规划校园实施效果评估 [J].中国学校卫生，2018，39（6）：839-842.

[6] 许书萍.高校毒品预防教育的对策：基于大学生毒品认知及易染原因的调查 [J].青少年犯罪问题，2013（6）：84-89.

[7] 辛昊，黄伊霖，娜迪拉·阿里根.科技禁毒与科普元宇宙融合的新尝试 [J].科技管理研究，2022，42（20）：204-209.

[8]HORNIK R，JACOBSOHN L，ORWIN R，et al. Effects of the National Youth Anti-Drug Media Campaign on youths[J]. American Journal of Public Health，2008，98（12）：2229.

[9]PERMAN F，HENLEY N.Marketing the anti-drug message：Media，source and message credibility interactions[J]. ECU Publications Pre，2003，5：1-6.

[10] 连东 . 鸦片罂粟通史：欲望、利益与正义的战争 [M]. 上海：上海社会科学院出版社，2018.

[11] 唐斌 . 禁毒非营利组织研究 [M]. 上海：上海社会科学院出版社，2017.

[12] 苏智良 . 中国毒品史 [M]. 上海：上海社会科学院出版社，2017.

[13] 高巍 . 中国禁毒三十年：以刑事规制为主线 [M]. 上海：上海社会科学院出版社，2017.

[14] 翟帆 . 二十世纪美国毒品政策的演变 [M]. 上海：上海社会科学院出版社，2017.

[15] 金伟峰 . 中国禁毒法律制度研究 [M]. 上海：上海社会科学院出版社，2016.

[16] 褚宸舸 . 中国禁毒法治论 [M]. 北京：中国民主法制出版社，2015.

[17] 陈云东 . 毒品、艾滋病问题的法律与政策研究 [M]. 昆明：云南大学出版社，2010.

[18] 中国禁毒网 . 什么是毒品 [EB/OL]. (2015-05-12) [2022-12-20].http：//www.nncc626.com/2015-05/12/c_127792907.htm.